Pygmalion
Pigmalión

George Bernard Shaw

Pygmalion
Pigmalión

Texto paralelo bilingüe
Bilingual edition

Ingles - Español
English - Spanish

texto en español, traducido del inglés por Guillermo Tirelli

Título original: *Pygmalion*

Primera publicación: 1913

Ilustración de tapa: © 2023, Nazareno Rodríguez

© 2024, Guillermo Tirelli, por la traducción al español.
All rights reserved
Quedan prohibidos, dentro de los límites establecidos en la ley y bajo los apercibimientos legalmente provistos, la reproducción total o parcial de esta obra por cualquier medio o procedimiento, ya sea electrónico o mecánico, el tratamiento informático, el alquiler o cualquier otra forma de cesión de la obra sin la autorización previa y por escrito de los titulares del *copyright*.

Primera edición: Diciembre 2023

Publicado por Rosetta Edu
Londres, Diciembre 2023
www.rosettaedu.com

ISBN: 978-1-916939-66-0

Rosetta Edu
Ediciones bilingües

Páginas enfrentadas
Páginas enfrentadas de la traducción y texto original en libros impresos.

Párrafos alineados en libros impresos
En libros impresos, los párrafos alineados entre los dos idiomas facilitan la comparación y la comprensión, ahorrando la necesidad de referirse constantemente al diccionario.

Párrafos enlazados en libros electrónicos
En libros electrónicos la comparación y la comprensión son facilitadas por citas al pie colocadas al principio de cada párrafo enlazando el texto en el idioma original y su traducción.

Integridad y fidelidad
Traducciones íntegras, fieles y no abreviadas del texto original.

Cuidado del vocabulario
Traducciones especiales para ediciones bilingües, con especial cuidado por la hegemonía de vocabulario utilizando glosarios en el proceso de traducción.

Contexto educativo
Ediciones enfocadas a estudiantes intermedios y avanzados del idioma original del texto en libros coleccionables y aptos para el contexto educativo.

INDICE

PREFACE TO PYGMALION / PREFACIO A PIGMALIÓN	8-9
ACT I / ACTO I	16-17
ACT II / ACTO II	42-43
ACT III / ACTO III	104-105
ACT IV / ACTO IV	142-143
ACT V / ACT V	160-161

PREFACE TO PYGMALION

A Professor of Phonetics.

As will be seen later on, Pygmalion needs, not a preface, but a sequel, which I have supplied in its due place. The English have no respect for their language, and will not teach their children to speak it. They spell it so abominably that no man can teach himself what it sounds like. It is impossible for an Englishman to open his mouth without making some other Englishman hate or despise him. German and Spanish are accessible to foreigners: English is not accessible even to Englishmen. The reformer England needs today is an energetic phonetic enthusiast: that is why I have made such a one the hero of a popular play. There have been heroes of that kind crying in the wilderness for many years past. When I became interested in the subject towards the end of the eighteen-seventies, Melville Bell was dead; but Alexander J. Ellis was still a living patriarch, with an impressive head always covered by a velvet skull cap, for which he would apologize to public meetings in a very courtly manner. He and Tito Pagliardini, another phonetic veteran, were men whom it was impossible to dislike. Henry Sweet, then a young man, lacked their sweetness of character: he was about as conciliatory to conventional mortals as Ibsen or Samuel Butler. His great ability as a phonetician (he was, I think, the best of them all at his job) would have entitled him to high official recognition, and perhaps enabled him to popularize his subject, but for his Satanic contempt for all academic dignitaries and persons in general who thought more of Greek than of phonetics. Once, in the days when the Imperial Institute rose in South Kensington, and Joseph Chamberlain was booming the Empire, I induced the editor of a leading monthly review to commission an article from Sweet on the imperial importance of his subject. When it arrived, it contained nothing but a savagely derisive attack on a professor of language and literature whose chair Sweet regarded as proper to a phonetic expert only. The article, being libelous, had to be returned as impossible; and I had to renounce my dream of dragging its author into the limelight. When I met him afterwards, for the first time for many years, I found to my astonishment that he, who had been a quite tolerably presentable young man, had actually managed by sheer scorn to alter his personal appearance until he had become a sort of walking repudiation of Oxford and all its traditions.

PREFACIO A PIGMALIÓN

Un profesor de fonética.

Como se verá más adelante, Pigmalión necesita, no un prefacio, sino una secuela, que he suministrado en su debido lugar. Los ingleses no tienen ningún respeto por su lengua y no enseñan a sus hijos a hablarla. Lo deletrean de forma tan abominable que nadie puede enseñarse a sí mismo cómo suena. Es imposible que un inglés abra la boca sin hacer que algún otro inglés le odie o le desprecie. El alemán y el español son accesibles para los extranjeros: el inglés no es accesible ni siquiera para los ingleses. El reformador que Inglaterra necesita hoy es un enérgico entusiasta de la fonética: por eso he hecho de una persona así el héroe de una obra popular. Ha habido héroes de ese tipo clamando en el desierto desde hace muchos años. Cuando empecé a interesarme por el tema, hacia finales de los años setenta, Melville Bell había muerto; pero Alexander J. Ellis seguía siendo un patriarca viviente, con una impresionante cabeza siempre cubierta por un casquete de terciopelo, por el que se disculpaba, muy cortés, en las reuniones públicas. Él y Tito Pagliardini, otro veterano de la fonética, eran hombres que no disgustaban a nadie. Henry Sweet, entonces un hombre joven, carecía de dulzura de carácter: era tan conciliador con los mortales convencionales como Ibsen o Samuel Butler. Su gran habilidad como fonético (era, creo, el mejor de todos en su trabajo) le habría dado derecho a un alto reconocimiento oficial, y quizá le habría permitido popularizar su tema, de no ser por su satánico desprecio por todos los dignatarios académicos y las personas en general que pensaban más en el griego que en la fonética. Una vez, en los días en que el Instituto Imperial se alzaba en South Kensington y Joseph Chamberlain impulsaba el Imperio, induje al editor de una importante revista mensual a que encargara a Sweet un artículo sobre la importancia imperial de su tema. Cuando llegó, no contenía más que un ataque salvajemente burlón contra un profesor de lengua y literatura cuya cátedra Sweet consideraba propia sólo para un experto en fonética. El artículo, al ser difamatorio, tuvo que ser devuelto por imposible; y yo tuve que renunciar a mi sueño de arrastrar a su autor a la palestra. Cuando me reuní con él después, por primera vez en muchos años, descubrí con asombro que él, que había sido un joven bastante tolerablemente presentable, había conseguido realmente, por puro desprecio, alterar su aspecto personal hasta convertirse en una especie de repudio andante de Oxford y de todas sus tradiciones. Debió

It must have been largely in his own despite that he was squeezed into something called a Readership of phonetics there. The future of phonetics rests probably with his pupils, who all swore by him; but nothing could bring the man himself into any sort of compliance with the university, to which he nevertheless clung by divine right in an intensely Oxonian way. I daresay his papers, if he has left any, include some satires that may be published without too destructive results fifty years hence. He was, I believe, not in the least an ill-natured man: very much the opposite, I should say; but he would not suffer fools gladly.

Those who knew him will recognize in my third act the allusion to the patent Shorthand in which he used to write postcards, and which may be acquired from a four and six-penny manual published by the Clarendon Press. The postcards which Mrs. Higgins describes are such as I have received from Sweet. I would decipher a sound which a cockney would represent by *zerr*, and a Frenchman by *seu*, and then write demanding with some heat what on earth it meant. Sweet, with boundless contempt for my stupidity, would reply that it not only meant but obviously was the word Result, as no other Word containing that sound, and capable of making sense with the context, existed in any language spoken on earth. That less expert mortals should require fuller indications was beyond Sweet's patience. Therefore, though the whole point of his "Current Shorthand" is that it can express every sound in the language perfectly, vowels as well as consonants, and that your hand has to make no stroke except the easy and current ones with which you write *m, n,* and *u, l, p,* and *q,* scribbling them at whatever angle comes easiest to you, his unfortunate determination to make this remarkable and quite legible script serve also as a Shorthand reduced it in his own practice to the most inscrutable of cryptograms. His true objective was the provision of a full, accurate, legible script for our noble but ill-dressed language; but he was led past that by his contempt for the popular Pitman system of Shorthand, which he called the *Pitfall* system. The triumph of Pitman was a triumph of business organization: there was a weekly paper to persuade you to learn Pitman: there were cheap textbooks and exercise books and transcripts of speeches for you to copy, and schools where experienced teachers coached you up to the necessary proficiency. Sweet could not organize his market in that fashion. He might as well have been the Sybil who tore up the leaves of prophecy

de ser en gran parte a su pesar por lo que se le metió allí en algo llamado Lectorado de fonética. El futuro de la fonética descansa probablemente en sus alumnos, que todos juraban por él; pero nada pudo llevar al hombre mismo a ningún tipo de conformidad con la universidad, a la que sin embargo se aferraba por derecho divino de un modo intensamente oxoniense. Me atrevo a decir que sus papeles, si es que ha dejado alguno, incluyen algunas sátiras que podrían publicarse sin resultados demasiado destructivos dentro de cincuenta años. Creo que no era en absoluto un hombre malhumorado: muy al contrario, diría yo; pero no soportaba a los tontos alegremente.

Quienes le conocieron reconocerán en mi tercer acto la alusión a la taquigrafía patentada Shorthand en la que solía escribir las postales, y que puede adquirirse en un manual de cuatro chelines y seis peniques publicado por Clarendon Press. Las postales que describe Mrs. Higgins son como las que he recibido de Sweet. Yo descifraba un sonido que un cockney representaría por *zerr*, y un francés por *seu*, y luego escribía exigiendo con cierto temperamento qué demonios significaba. Sweet, con un desprecio sin límites por mi estupidez, me respondería que no sólo significaba sino que obviamente era la palabra *Resultado [Result]*, ya que no existía ninguna otra palabra que contuviera ese sonido, y capaz de tener sentido con el contexto, en ningún idioma hablado en la tierra. Que los mortales menos expertos requirieran indicaciones más completas superaba la paciencia de Sweet. Por lo tanto, aunque todo el sentido de su «Taquigrafía corriente» *[Current Shorthand]* es que puede expresar perfectamente todos los sonidos de la lengua, tanto vocales como consonantes, y que su mano no tiene que hacer ningún trazo excepto los fáciles y corrientes con los que escribe *m*, *n* y *u*, *l*, *p* y *q*, garabateándolos en el ángulo que le resulte más fácil, su desafortunada determinación de hacer que esta escritura notable y bastante legible sirviera también como Taquigrafía *[Shorthand]* la redujo en su propia práctica al más inescrutable de los criptogramas. Su verdadero objetivo era la provisión de una escritura completa, precisa y legible para nuestra noble pero mal vestida lengua; pero le llevó más allá su desprecio por el popular sistema Pitman de Taquigrafía, al que llamó sistema *Pitfall* [N. del T.: «caída al pozo»]. El triunfo de Pitman fue un triunfo de la organización empresarial: había un periódico semanal para persuadirle a uno de que aprendiera Pitman: había libros de texto baratos y cuadernos de ejercicios y transcripciones de discursos para copiar, y escuelas donde profesores experimentados entrenaban a los alumnos hasta alcanzar la

that nobody would attend to. The four and six-penny manual, mostly in his lithographed handwriting, that was never vulgarly advertized, may perhaps some day be taken up by a syndicate and pushed upon the public as *The Times* pushed the *Encyclopaedia Britannica;* but until then it will certainly not prevail against Pitman. I have bought three copies of it during my lifetime; and I am informed by the publishers that its cloistered existence is still a steady and healthy one. I actually learned the system two several times; and yet the shorthand in which I am writing these lines is Pitman's. And the reason is, that my secretary cannot transcribe Sweet, having been perforce taught in the schools of Pitman. Therefore, Sweet railed at Pitman as vainly as Thersites railed at Ajax: his raillery, however it may have eased his soul, gave no popular vogue to Current Shorthand. Pygmalion Higgins is not a portrait of Sweet, to whom the adventure of Eliza Doolittle would have been impossible; still, as will be seen, there are touches of Sweet in the play. With Higgins's physique and temperament Sweet might have set the Thames on fire. As it was, he impressed himself professionally on Europe to an extent that made his comparative personal obscurity, and the failure of Oxford to do justice to his eminence, a puzzle to foreign specialists in his subject. I do not blame Oxford, because I think Oxford is quite right in demanding a certain social amenity from its nurslings (heaven knows it is not exorbitant in its requirements!); for although I well know how hard it is for a man of genius with a seriously underrated subject to maintain serene and kindly relations with the men who underrate it, and who keep all the best places for less important subjects which they profess without originality and sometimes without much capacity for them, still, if he overwhelms them with wrath and disdain, he cannot expect them to heap honors on him.

Of the later generations of phoneticians I know little. Among them towers the Poet Laureate, to whom perhaps Higgins may owe his Miltonic sympathies, though here again I must disclaim all portraiture. But if the play makes the public aware that there are such people as phoneticians, and that they are among the most important people in England at present, it will serve its turn.

destreza necesaria. Sweet no podía organizar su mercado de esa manera. Bien podría haber sido la Sibila que arrancaba las hojas de la profecía que nadie escuchaba. El manual de cuatro chelines y seis peniques, en su mayor parte en su caligrafía litografiada, que nunca fue vulgarmente publicitado, puede quizás algún día ser tomado por un sindicato y difundido en el público como *The Times* difundió la *Enciclopedia Británica;* pero hasta entonces ciertamente no prevalecerá contra Pitman. He comprado tres ejemplares de ella a lo largo de mi vida; y los editores me han informado de que su existencia enclaustrada sigue siendo estable y saludable. De hecho, aprendí el sistema dos varias veces; y sin embargo, la taquigrafía en la que estoy escribiendo estas líneas es la de Pitman. Y la razón es, que mi secretaria no puede transcribir a Sweet, habiendo sido enseñada forzosamente en las escuelas de Pitman. Por lo tanto, Sweet despotricó contra Pitman tan vanamente como Tersites lo hizo contra Áyax: su despotricación, por mucho que le aliviara el alma, no puso de moda popularmente su Taquigrafía Corriente *[Current Shorthand]*. Pigmalión Higgins no es un retrato de Sweet, para quien la aventura de Eliza Doolittle habría sido imposible; aun así, como se verá, hay toques de Sweet en la obra. Con el físico y el temperamento de Higgins, Sweet podría haber incendiado el Támesis. Así las cosas, se impuso profesionalmente en Europa hasta tal punto que su relativa oscuridad personal, y el fracaso de Oxford a la hora de hacer justicia a su eminencia, se convirtieron en un rompecabezas para los especialistas extranjeros en su tema. No culpo a Oxford, porque creo que Oxford tiene toda la razón al exigir cierta amenidad social a sus brotes (¡el cielo sabe que no es exorbitante en sus exigencias!); porque aunque sé muy bien lo difícil que es para un hombre de genio con un tema seriamente infravalorado mantener relaciones serenas y amables con los hombres que lo infravaloran, y que se quedan con todos los mejores puestos para temas menos importantes que profesan sin originalidad y a veces sin mucha capacidad para ellos, aun así, si los abruma con ira y desdén, no puede esperar que le amontonen honores.

De las generaciones posteriores de fonetistas sé poco. Entre ellos se encuentra el Poeta Laureado, a quien quizá Higgins deba sus simpatías miltonianas, aunque también en este caso debo renunciar a todo retrato. Pero si la obra hace que el público sea consciente de que existen personas como los fonetistas, y de que se encuentran entre las personas más importantes de Inglaterra en la actualidad, servirá a su propósito.

I wish to boast that Pygmalion has been an extremely successful play all over Europe and North America as well as at home. It is so intensely and deliberately didactic, and its subject is esteemed so dry, that I delight in throwing it at the heads of the wiseacres who repeat the parrot cry that art should never be didactic. It goes to prove my contention that art should never be anything else.

Finally, and for the encouragement of people troubled with accents that cut them off from all high employment, I may add that the change wrought by Professor Higgins in the flower girl is neither impossible nor uncommon. The modern concierge's daughter who fulfils her ambition by playing the Queen of Spain in Ruy Blas at the Théâtre Français is only one of many thousands of men and women who have sloughed off their native dialects and acquired a new tongue. But the thing has to be done scientifically, or the last state of the aspirant may be worse than the first. An honest and natural slum dialect is more tolerable than the attempt of a phonetically untaught person to imitate the vulgar dialect of the golf club; and I am sorry to say that in spite of the efforts of our Academy of Dramatic Art, there is still too much sham golfing English on our stage, and too little of the noble English of Forbes Robertson.

Quiero presumir de que Pigmalión ha sido una obra de gran éxito en toda Europa y Norteamérica, así como en mi país. Es tan intensa y deliberadamente didáctica, y su tema se estima tan árido, que me complace lanzársela a la cabeza a los sabihondos que repiten como el loro que el arte nunca debe ser didáctico. Viene a demostrar mi argumento de que el arte nunca debe ser otra cosa.

Por último, y para animar a las personas aquejadas de acentos que las apartan de todo empleo elevado, puedo añadir que el cambio operado por el Profesor Higgins en la florista no es ni imposible ni infrecuente. La moderna hija del conserje que cumple su ambición interpretando a la Reina de España en Ruy Blas en el Théâtre Français es sólo una de los muchos miles de hombres y mujeres que se han desprendido de sus dialectos nativos y han adquirido una nueva lengua. Pero la cosa debe hacerse científicamente, o el estado final del aspirante puede ser peor que el primero. Un dialecto de barrio honesto y natural es más tolerable que el intento de un indocto fonético de imitar el dialecto vulgar del club de golf; y lamento decir que, a pesar de los esfuerzos de nuestra Academia de Arte Dramático, todavía hay demasiado falso inglés de golf en nuestro escenario, y demasiado poco del noble inglés de Forbes Robertson.

ACT I

Covent Garden at 11.15 p.m. Torrents of heavy summer rain. Cab whistles blowing frantically in all directions. Pedestrians running for shelter into the market and under the portico of St. Paul's Church, where there are already several people, among them a lady and her daughter in evening dress. They are all peering out gloomily at the rain, except one man with his back turned to the rest, who seems wholly preoccupied with a notebook in which he is writing busily.

The church clock strikes the first quarter.

THE DAUGHTER. [In the space between the central pillars, close to the one on her left.] I'm getting chilled to the bone. What can Freddy be doing all this time? He's been gone twenty minutes.

THE MOTHER. [On her daughter's right.] Not so long. But he ought to have got us a cab by this.

A BYSTANDER. [On the lady's right.] He won't get no cab not until half-past eleven, missus, when they come back after dropping their theatre fares.

THE MOTHER. But we must have a cab. We can't stand here until half-past eleven. It's too bad.

THE BYSTANDER. Well, it ain't my fault, missus.

THE DAUGHTER. If Freddy had a bit of gumption, he would have got one at the theatre door.

THE MOTHER. What could he have done, poor boy?

THE DAUGHTER. Other people got cabs. Why couldn't he?

Freddy rushes in out of the rain from the Southampton Street side, and comes between them closing a dripping umbrella. He is a young man of twenty, in evening dress, very wet around the ankles.

THE DAUGHTER. Well, haven't you got a cab?

ACTO I

Covent Garden a las 23:15 h. Fuerte lluvia de verano; torrencial. Silbatos de taxi soplando frenéticamente en todas direcciones. Peatones corriendo a refugiarse en el mercado y bajo el pórtico de la iglesia de San Pablo, donde ya hay varias personas, entre ellas una señora y su hija en traje de noche. Todos se asoman sombríamente a la lluvia, excepto un hombre de espaldas al resto, que parece totalmente ensimismado en un cuaderno en el que escribe afanosamente.

El reloj de la iglesia marca el primer cuarto.

LA HIJA. [En el espacio entre los pilares centrales, cerca del de su izquierda]. Me estoy helando hasta los huesos. ¿Qué puede estar haciendo Freddy todo este tiempo? Lleva fuera veinte minutos.

LA MADRE. [A la derecha de su hija]. No tanto. Pero ya debería habernos conseguido un taxi.

UN TRANSEÚNTE. [A la derecha de la señora] No conseguirá ningún taxi hasta las once y media, señora, cuando vuelvan después de dejar la gente después del teatro.

LA MADRE. Pero debemos tomar un taxi. No podemos quedarnos aquí hasta las once y media. Es una lástima.

EL TRANSEÚNTE. Bueno, no es culpa mía, señora.

LA HIJA. Si Freddy tuviera un poco de agallas, habría conseguido uno en la puerta del teatro.

LA MADRE. ¿Qué puede haber hecho, pobre muchacho?

LA HIJA. Otras personas consiguieron taxis. ¿Por qué él no?

Freddy sale corriendo de la lluvia desde el lado de Southampton Street y se interpone entre ellos cerrando un paraguas goteante. Es un joven de veinte años, en traje de etiqueta, muy mojado en los tobillos.

LA HIJA. ¿No conseguiste un taxi?

FREDDY. There's not one to be had for love or money.

THE MOTHER. Oh, Freddy, there must be one. You can't have tried.

THE DAUGHTER. It's too tiresome. Do you expect us to go and get one ourselves?

FREDDY. I tell you they're all engaged. The rain was so sudden: nobody was prepared; and everybody had to take a cab. I've been to Charing Cross one way and nearly to Ludgate Circus the other; and they were all engaged.

THE MOTHER. Did you try Trafalgar Square?

FREDDY. There wasn't one at Trafalgar Square.

THE DAUGHTER. Did you try?

FREDDY. I tried as far as Charing Cross Station. Did you expect me to walk to Hammersmith?

THE DAUGHTER. You haven't tried at all.

THE MOTHER. You really are very helpless, Freddy. Go again; and don't come back until you have found a cab.

FREDDY. I shall simply get soaked for nothing.

THE DAUGHTER. And what about us? Are we to stay here all night in this draught, with next to nothing on. You selfish pig—

FREDDY. Oh, very well: I'll go, I'll go. [He opens his umbrella and dashes off Strandwards, but comes into collision with a flower girl, who is hurrying in for shelter, knocking her basket out of her hands. A blinding flash of lightning, followed instantly by a rattling peal of thunder, orchestrates the incident.]

THE FLOWER GIRL. Nah then, Freddy: look wh' y' gowin, deah.

FREDDY. Sorry. [He rushes off.]

FREDDY. No se puede conseguir uno, ni por amor ni por dinero.

LA MADRE. Oh, Freddy, debe haber uno. No debes haberlo intentado.

LA HIJA. Eres demasiado fastidioso. ¿Esperas que vayamos a buscar uno nosotras mismas?

FREDDY. Te digo que están todos ocupados. La lluvia fue tan repentina: nadie estaba preparado; y todos tuvieron que coger un taxi. He ido a Charing Cross por un lado y casi hasta Ludgate Circus por el otro; y estaban todos ocupados.

LA MADRE. ¿Lo intentaste en Trafalgar Square?

FREDDY. No había ninguno en Trafalgar Square.

LA HIJA. ¿Lo intentaste?

FREDDY. Lo intenté hasta la estación de Charing Cross. ¿Esperaban que fuera andando hasta Hammersmith?

LA HIJA. No lo ha intentado en absoluto.

LA MADRE. Realmente no eres de ninguna ayuda, Freddy. Ve otra vez; y no vuelvas hasta que haya encontrado un taxi.

FREDDY. Simplemente me empaparé por nada.

LA HIJA. ¿Y qué pasa con nosotras? ¿Vamos a quedarnos aquí toda la noche en esta corriente de aire, sin casi nada puesto. Cerdo egoísta...

FREDDY. Oh, muy bien: Iré, iré. [Abre su paraguas y sale corriendo hacia Strand, pero se choca con una florista, que se apresura a buscar refugio, arrancándole la cesta de las manos. Un relámpago cegador, seguido al instante por un estruendoso trueno, orquesta el incidente].

LA FLORISTA. Cuidado, Freddy: mira por donde vas, querido.

FREDDY. Lo siento [se marcha corriendo].

THE FLOWER GIRL. [Picking up her scattered flowers and replacing them in the basket.] There's menners f' yer! Te-oo banches o voylets trod into the mad. [She sits down on the plinth of the column, sorting her flowers, on the lady's right. She is not at all an attractive person. She is perhaps eighteen, perhaps twenty, hardly older. She wears a little sailor hat of black straw that has long been exposed to the dust and soot of London and has seldom if ever been brushed. Her hair needs washing rather badly: its mousy color can hardly be natural. She wears a shoddy black coat that reaches nearly to her knees and is shaped to her waist. She has a brown skirt with a coarse apron. Her boots are much the worse for wear. She is no doubt as clean as she can afford to be; but compared to the ladies she is very dirty. Her features are no worse than theirs; but their condition leaves something to be desired; and she needs the services of a dentist.]

THE MOTHER. How do you know that my son's name is Freddy, pray?

THE FLOWER GIRL. Ow, eez ye-ooa san, is e? Wal, fewd dan y' de-ooty bawmz a mather should, eed now bettern to spawl a pore gel's flahrzn than ran awy atbaht pyin. Will ye-oo py me f'them? [Here, with apologies, this desperate attempt to represent her dialect without a phonetic alphabet must be abandoned as unintelligible outside London.]

THE DAUGHTER. Do nothing of the sort, mother. The idea!

THE MOTHER. Please allow me, Clara. Have you any pennies?

THE DAUGHTER. No. I've nothing smaller than sixpence.

THE FLOWER GIRL. [Hopefully.] I can give you change for a tanner, kind lady.

THE MOTHER. [To Clara.] Give it to me. [Clara parts reluctantly]. Now [to the girl] This is for your flowers.

THE FLOWER GIRL. Thank you kindly, lady.

LA FLORISTA. [N. del T.: escrito fonéticamente, describiendo su acento]. [Recogiendo sus flores esparcidas y volviéndolas a colocar en la cesta]. ¡Hay que tener maneras! Dos ramos de violetas en el barro. [Se sienta en el plinto de la columna, ordenando sus flores, a la derecha de la dama. No es en absoluto una persona atractiva. Tiene tal vez dieciocho años, tal vez veinte, apenas más. Lleva un sombrerito marinero de paja negra que ha estado mucho tiempo expuesto al polvo y al hollín de Londres y que rara vez o nunca ha sido cepillado. Su pelo necesita un buen lavado: su color ratón difícilmente puede ser natural. Lleva un abrigo negro de mala calidad que le llega casi hasta las rodillas y se ciñe a la cintura. Lleva una falda marrón con un tosco delantal. Sus botas están en muy mal estado. Sin duda ella está tan limpia como puede permitirse estarlo; pero comparada con las damas está muy sucia. Sus facciones no son peores que las de ellas; pero su estado deja mucho que desear; y necesita los servicios de un dentista].

LA MADRE. ¿Cómo sabe que mi hijo se llama Freddy, por favor?

LA FLORISTA. [N. del T.: Escrito en el original como ella lo pronuncia]. Oh, él es su hijo, ¿verdad? Bueno, si hubiera hecho su deber con él como madre él tendría que saber que no debe arruinar las flores de una pobre muchacha e irse corriendo sin pagar. ¿Quiere pagarme por ellas? [N. del A.: Aquí, con perdón, este intento desesperado de representar su dialecto sin alfabeto fonético debe abandonarse por ininteligible fuera de Londres].

LA HIJA. No hagas nada de eso, madre. ¡Qué idea!

LA MADRE. Por favor, permíteme, Clara. ¿Tienes monedas?

LA HIJA. No. No tengo nada más pequeño que seis peniques.

LA FLORISTA. [Esperanzada]. Puedo darle cambio de seis peniques, amable señora.

LA MADRE. [A Clara]. Dámelos. [Clara se desprende de ellos a regañadientes]. Ahora [a la muchacha]; esto es por sus flores.

LA FLORISTA. Muchas gracias, señora.

THE DAUGHTER. Make her give you the change. These things are only a penny a bunch.

THE MOTHER. Do hold your tongue, Clara. [To the girl]. You can keep the change.

THE FLOWER GIRL. Oh, thank you, lady.

THE MOTHER. Now tell me how you know that young gentleman's name.

THE FLOWER GIRL. I didn't.

THE MOTHER. I heard you call him by it. Don't try to deceive me.

THE FLOWER GIRL. [Protesting.] Who's trying to deceive you? I called him Freddy or Charlie same as you might yourself if you was talking to a stranger and wished to be pleasant. [She sits down beside her basket.]

THE DAUGHTER. Sixpence thrown away! Really, mamma, you might have spared Freddy that. [She retreats in disgust behind the pillar.]

An elderly gentleman of the amiable military type rushes into shelter, and closes a dripping umbrella. He is in the same plight as Freddy, very wet about the ankles. He is in evening dress, with a light overcoat. He takes the place left vacant by the daughter's retirement.

THE GENTLEMAN. Phew!

THE MOTHER. [To the gentleman.] Oh, sir, is there any sign of its stopping?

THE GENTLEMAN. I'm afraid not. It started worse than ever about two minutes ago. [He goes to the plinth beside the flower girl; puts up his foot on it; and stoops to turn down his trouser ends.]

THE MOTHER. Oh, dear! [She retires sadly and joins her daughter.]

LA HIJA. Haz que te dé el cambio. Esas cosas sólo cuestan un penique por ramo.

LA MADRE. Cállate, Clara. [A la muchacha]. Puede quedarse con el cambio.

LA FLORISTA. Gracias, señora.

LA MADRE. Ahora dígame cómo sabe el nombre de ese joven caballero.

LA FLORISTA. No lo hice.

LA MADRE. Le he oído llamarle así. No intente engañarme.

LA FLORISTA. [Protestando]. ¿Quién intenta engañarla? Le llamé Freddy o Charlie igual que haría usted misma si estuviera hablando con un extraño y quisiera ser agradable. [Se sienta junto a su cesta].

LA HIJA. ¡Seis peniques tirados a la basura! De verdad, mamá, podrías habérselo ahorrado a Freddy. [Se retira disgustada detrás de la columna].

Un caballero anciano, de tipo militar y amable, se apresura a refugiarse y cierra un paraguas goteante. Está en la misma situación que Freddy, muy mojado en los tobillos. Está vestido con traje de etiqueta, con un abrigo ligero. Ocupa el lugar dejado vacante por la hija.

EL CABALLERO. ¡Uf!

LA MADRE. [Al caballero] Oh, señor, ¿hay algún indicio de que va a detenerse la lluvia?

EL CABALLERO. Me temo que no. Empezó peor que nunca hace unos dos minutos. [Se dirige al plinto junto a la florista, apoya el pie en él y se agacha para bajarse los extremos del pantalón].

LA MADRE. ¡Oh, qué pena! [Se retira triste y se reúne con su hija].

THE FLOWER GIRL. [Taking advantage of the military gentleman's proximity to establish friendly relations with him.] If it's worse it's a sign it's nearly over. So cheer up, Captain; and buy a flower off a poor girl.

THE GENTLEMAN. I'm sorry, I haven't any change.

THE FLOWER GIRL. I can give you change, Captain,

THE GENTLEMEN. For a sovereign? I've nothing less.

THE FLOWER GIRL. Garn! Oh do buy a flower off me, Captain. I can change half-a-crown. Take this for tuppence.

THE GENTLEMAN. Now don't be troublesome: there's a good girl. [Trying his pockets.] I really haven't any change—Stop: here's three hapence, if that's any use to you [he retreats to the other pillar].

THE FLOWER GIRL. [Disappointed, but thinking three halfpence better than nothing.] Thank you, sir.

THE BYSTANDER. [To the girl.] You be careful: give him a flower for it. There's a bloke here behind taking down every blessed word you're saying. [All turn to the man who is taking notes.]

THE FLOWER GIRL. [Springing up terrified.] I ain't done nothing wrong by speaking to the gentleman. I've a right to sell flowers if I keep off the kerb. [Hysterically.] I'm a respectable girl: so help me, I never spoke to him except to ask him to buy a flower off me. [General hubbub, mostly sympathetic to the flower girl, but deprecating her excessive sensibility. Cries of Don't start hollerin. Who's hurting you? Nobody's going to touch you. What's the good of fussing? Steady on. Easy, easy, etc., come from the elderly staid spectators, who pat her comfortingly. Less patient ones bid her shut her head, or ask her roughly what is wrong with her. A remoter group, not knowing what the matter is, crowd in and increase the noise with question and answer: What's the row? What she do? Where is he? A tec taking her down. What! him? Yes: him over there: Took money off the gentleman, etc. The flower girl, distraught and mobbed,

LA FLORISTA. [Aprovechando la proximidad del caballero militar para establecer relaciones amistosas con él]. Si empeora es señal de que casi está por detenerse. Así que anímese, Capitán; y cómprele una flor a una pobre muchacha.

EL CABALLERO. Lo siento, no tengo cambio.

LA FLORISTA. Puedo darle cambio, Capitán,

EL CABALLERO. ¿De un soberano? No tengo nada menos.

LA FLORISTA. ¡Increíble! Oh, cómpreme una flor, Capitán. Tengo cambio de media corona. Tome ésta por dos peniques.

EL CABALLERO. No se moleste: es una buena muchacha. [Buscando en sus bolsillos]. Realmente no tengo cambio... Espere: aquí tiene tres monedas de medio penique, si le sirven de algo. [Se retira al otro pilar].

LA FLORISTA. [Decepcionada, pero pensando que tres monedas de medio penique es mejor que nada]. Gracias, señor.

EL TRANSEÚNTE. [A la muchacha]. Tenga cuidado: dele una flor por ello. Hay un tipo aquí detrás anotando cada bendita palabra que usted dice. [Todos se vuelven hacia el hombre que está tomando notas].

LA FLORISTA. [Saltando aterrorizada]. No he hecho nada malo hablando con el caballero. Tengo derecho a vender flores si me mantengo alejada del bordillo. [Histérica]. Soy una muchacha respetable: así que ayúdenme, nunca hablé con él excepto para pedirle que me comprara una flor. [Algarabía general, en su mayor parte comprensiva con la florista, pero despreciando su excesiva sensibilidad. Gritos de no empiece a levantar la voz. ¿Quién le hace daño? Nadie va a tocarle. ¿De qué sirve alborotarse? Tranquila. Tranquila, tranquila, etc., provienen de los espectadores mayores y más estables, que la palmean reconfortantemente. Otros menos pacientes le ordenan que se calle o le preguntan de alguna manera qué le pasa. Un grupo más alejado, sin saber de qué se trata, se agolpa y aumenta el ruido con preguntas y respuestas: ¿Qué le pasa? ¿Qué hace? ¿Dónde está? Un guardia bajándola del plinto. ¿Qué? ¿Él? Sí: él allí: le quitó dinero al caballero, etc.

breaks through them to the gentleman, crying mildly.] Oh, sir, don't let him charge me. You dunno what it means to me. They'll take away my character and drive me on the streets for speaking to gentlemen. They—

THE NOTE TAKER. [coming forward on her right, the rest crowding after him] There, there, there, there! Who's hurting you, you silly girl? What do you take me for?

§§§ THE BYSTANDER. It's all right: he's a gentleman: look at his boots. [Explaining to the note taker] She thought you was a copper's nark, sir.

THE NOTE TAKER. [with quick interest] What's a copper's nark?

THE BYSTANDER. [inept at definition] It's a—well, it's a copper's nark, as you might say. What else would you call it? A sort of informer.

THE FLOWER GIRL. [still hysterical] I take my Bible oath I never said a word—

THE NOTE TAKER. [overbearing but good-humored] Oh, shut up, shut up. Do I look like a policeman?

THE FLOWER GIRL. [far from reassured] Then what did you take down my words for? How do I know whether you took me down right? You just show me what you've wrote about me. [The note taker opens his book and holds it steadily under her nose, though the pressure of the mob trying to read it over his shoulders would upset a weaker man]. What's that? That ain't proper writing. I can't read that.

THE NOTE TAKER. I can. [Reads, reproducing her pronunciation exactly] "Cheer ap, Keptin; n' haw ya flahr orf a pore gel."

THE FLOWER GIRL. [much distressed] It's because I called him Captain. I meant no harm. [To the gentleman] Oh, sir, don't let him lay a charge agen me for a word like that. You—

La florista, angustiada y acosada, se abre paso entre ellos hasta el caballero, llorando tímidamente]. Oh, señor, no deje que me acusen. No sabe lo que significa para mí. Me quitarán la dignidad y me echarán a la calle por hablar con caballeros. Ellos...

EL TOMADOR DE NOTAS. [Adelantándose por su derecha, el resto agolpándose tras él]. ¡Ahí, ahí, ahí! ¿Quién le hace daño, muchacha tonta? ¿Por quién me toma?

EL TRANSEÚNTE. Está bien: es un caballero: mire sus botas. [Explicando al tomador de notas]. Ella pensó que usted era un pelele, señor.

EL TOMADOR DE NOTAS. [Con rápido interés]. ¿Qué es un pelele?

EL TRANSEÚNTE. [Inepto en la definición]. Es un... bueno, es un pelele, como se podría decir. ¿Cómo lo llamaría si no? Una especie de soplón.

LA FLORISTA. [Todavía histérica]. Juro por la Biblia que nunca dije una palabra...

EL TOMADOR DE NOTAS. [Prepotente pero de buen humor]. Oh, cállese, cállese. ¿Parezco un policía?

LA FLORISTA. [Lejos de tranquilizarse]. ¿Entonces para qué anotó mis palabras? ¿Cómo puedo saber si me ha anotado bien? Enséñeme lo que ha escrito sobre mí. [El tomador de notas abre su libro y lo sostiene firmemente bajo su nariz, aunque la presión de la muchedumbre intentando leerlo sobre sus hombros molestaría a un hombre de menos carácter]. ¿Qué es eso? Eso no es escritura correcta. No puedo leer eso.

EL TOMADOR DE NOTAS. Yo puedo. [Lee, reproduciendo exactamente su pronunciación]. «Alégrese, Capitán; y compre flores de una pobre muchacha...».

LA FLORISTA. [Muy angustiada]. Es porque le llamé Capitán. No pretendía hacerle daño. [Al caballero]. Oh, señor, no deje que me acusen por haber dicho eso. Usted...

THE GENTLEMAN. Charge! I make no charge. [To the note taker] Really, sir, if you are a detective, you need not begin protecting me against molestation by young women until I ask you. Anybody could see that the girl meant no harm.

THE BYSTANDERS GENERALLY. [demonstrating against police espionage] Course they could. What business is it of yours? You mind your own affairs. He wants promotion, he does. Taking down people's words! Girl never said a word to him. What harm if she did? Nice thing a girl can't shelter from the rain without being insulted, etc., etc., etc. [She is conducted by the more sympathetic demonstrators back to her plinth, where she resumes her seat and struggles with her emotion].

THE BYSTANDER. He ain't a tec. He's a blooming busybody: that's what he is. I tell you, look at his boots.

THE NOTE TAKER. [turning on him genially] And how are all your people down at Selsey?

THE BYSTANDER. [suspiciously] Who told you my people come from Selsey?

THE NOTE TAKER. Never you mind. They did. [To the girl] How do you come to be up so far east? You were born in Lisson Grove.

THE FLOWER GIRL. [appalled] Oh, what harm is there in my leaving Lisson Grove? It wasn't fit for a pig to live in; and I had to pay four-and-six a week. [In tears] Oh, boo—hoo—oo—

THE NOTE TAKER. Live where you like; but stop that noise.

THE GENTLEMAN. [to the girl] Come, come! he can't touch you: you have a right to live where you please.

A SARCASTIC BYSTANDER. [thrusting himself between the note taker and the gentleman] Park Lane, for instance. I'd like to go into the Housing Question with you, I would.

EL CABALLERO. ¡Acusar! No hago ninguna acusación. [Al tomador de notas]. Realmente, señor, si usted es detective, no necesita empezar a protegerme contra el acoso de mujeres jóvenes hasta que yo se lo pida. Cualquiera podría ver que la muchacha no pretendía hacer daño.

LOS TRANSEÚNTES EN GENERAL. [Manifestándose contra el espionaje policial]. Claro que sí. ¿Qué le importa a usted? Ocúpese de sus propios asuntos. Quiere ascender, de verdad. ¡Tomando nota de las palabras de la gente! La muchacha nunca le dijo una palabra. ¿Qué daño le haría si lo hiciera? Qué bien que una muchacha no pueda resguardarse de la lluvia sin ser insultada, etc., etc., etc. [Es conducida por los manifestantes más comprensivos de vuelta a su plinto, donde retoma su asiento y lucha contra su emoción].

EL TRANSEÚNTE. No es un técnico. Es un maldito entrometido: eso es lo que es. Le digo, mire sus botas.

EL TOMADOR DE NOTAS. [Volviéndose hacia él amablemente]. ¿Y cómo está toda su gente en Selsey?

EL TRANSEÚNTE. [Con sospecha]. ¿Quién le ha dicho que mi gente viene de Selsey?

EL TOMADOR DE NOTAS. No se preocupe. Vienen de allí. [A la muchacha]. ¿Cómo es que ha venido tan al este? Usted nació en Lisson Grove.

LA FLORISTA. [Horrorizada]. Oh, ¿qué hay de malo en que deje Lisson Grove? No era bueno ni siquiera para un cerdo; y tenía que pagar cuatro chelines y seis peniques a la semana. [Llorando]. Oh, boo... boo... oo...

EL TOMADOR DE NOTAS. Viva donde quiera; pero deje de hacer ruido.

EL CABALLERO. [A la muchacha]. ¡Vamos, vamos! No puede tocarle: usted tiene derecho a vivir donde le plazca.

UN TRANSEÚNTE SARCÁSTICO. [Interponiéndose entre el tomador de notas y el caballero]. Park Lane, por ejemplo. Me gustaría abordar la cuestión de la vivienda con usted, me gustaría.

THE FLOWER GIRL. [Subsiding into a brooding melancholy over her basket, and talking very low-spiritedly to herself]. I'm a good girl, I am.

THE SARCASTIC BYSTANDER. [not attending to her] Do you know where I come from?

THE NOTE TAKER. [promptly] Hoxton.

Titterings. Popular interest in the note taker's performance increases.

THE SARCASTIC ONE. [amazed] Well, who said I didn't? Bly me! You know everything, you do.

THE FLOWER GIRL. [still nursing her sense of injury] Ain't no call to meddle with me, he ain't.

THE BYSTANDER. [to her] Of course he ain't. Don't you stand it from him. [To the note taker] See here: what call have you to know about people what never offered to meddle with you? Where's your warrant?

SEVERAL BYSTANDERS. [encouraged by this seeming point of law] Yes: where's your warrant?

THE FLOWER GIRL. Let him say what he likes. I don't want to have no truck with him.

THE BYSTANDER. You take us for dirt under your feet, don't you? Catch you taking liberties with a gentleman!

THE SARCASTIC BYSTANDER. Yes: tell *him* where he come from if you want to go fortune-telling.

THE NOTE TAKER. Cheltenham, Harrow, Cambridge, and India.

THE GENTLEMAN. Quite right. [Great laughter. Reaction in the note taker's favor. Exclamations of He knows all about it. Told him proper. Hear him tell the toff where he come from? etc.]. May I ask, sir, do

LA FLORISTA. [Sumiéndose en una melancolía perturbadora sobre su cesta, y hablando muy bajito para sí misma]. Soy una buena muchacha, lo soy.

EL TRANSEÚNTE SARCÁSTICO. [Sin prestarle atención]. ¿Sabe de dónde vengo yo?

EL TOMADOR DE NOTAS. [Sin demora]. Hoxton.

Titubeos. Aumenta el interés popular por la actuación del tomador de notas.

EL SARCÁSTICO. [Asombrado]. Bueno, ¿quién dijo que no? ¡Caray! Usted lo sabe todo.

LA FLORISTA. [Aún con su sensación de estar herida]. No tiene por qué meterse conmigo, no lo hará.

EL TRANSEÚNTE. [A ella]. Por supuesto que no. No tiene por qué soportarlo. [Al tomador de notas]. Mire: ¿qué necesidad tiene de saber acerca de gente que nunca se ofreció a meterse con usted? ¿Dónde está su autorización?

VARIOS TRANSEÚNTES. [Animados por este aparente punto sobre el derecho]. Sí: ¿dónde está su autorización?

LA FLORISTA. Que diga lo que quiera. No quiero tener nada que ver con él.

EL TRANSEÚNTE. Nos toma por tierra bajo sus pies, ¿verdad? ¡Siendo pillada tomándose libertades con un caballero!

EL TRANSEÚNTE SARCÁSTICO. Sí: dígale a *él* de dónde viene si quiere ir a adivinar el futuro.

EL TOMADOR DE NOTAS. Cheltenham, Harrow, Cambridge e India.

EL CABALLERO. Muy acertado. [Grandes risas. Reacción a favor del tomador de notas. Exclamaciones de él lo sabe todo. Se lo dijo como debe. ¿Oírle decir al pituco de dónde viene?, etc.]. ¿Puedo preguntarle, se-

you do this for your living at a music hall?

THE NOTE TAKER. I've thought of that. Perhaps I shall some day.

The rain has stopped; and the persons on the outside of the crowd begin to drop off.

THE FLOWER GIRL. [resenting the reaction] He's no gentleman, he ain't, to interfere with a poor girl.

THE DAUGHTER. [out of patience, pushing her way rudely to the front and displacing the gentleman, who politely retires to the other side of the pillar] What on earth is Freddy doing? I shall get pneumonia if I stay in this draught any longer.

THE NOTE TAKER. [to himself, hastily making a note of her pronunciation of "monia"] Earlscourt.

THE DAUGHTER. [violently] Will you please keep your impertinent remarks to yourself?

THE NOTE TAKER. Did I say that out loud? I didn't mean to. I beg your pardon. Your mother's Epsom, unmistakeably.

THE MOTHER. [advancing between her daughter and the note taker] How very curious! I was brought up in Largelady Park, near Epsom.

THE NOTE TAKER. [uproariously amused] Ha! ha! What a devil of a name! Excuse me. [To the daughter] You want a cab, do you?

THE DAUGHTER. Don't dare speak to me.

THE MOTHER. Oh, please, please Clara. [Her daughter repudiates her with an angry shrug and retires haughtily.] We should be so grateful to you, sir, if you found us a cab. [The note taker produces a whistle]. Oh, thank you. [She joins her daughter]. The note taker blows a piercing blast.

THE SARCASTIC BYSTANDER. There! I knowed he was a plain-clothes copper.

ñor, si se gana la vida en un music-hall?

EL TOMADOR DE NOTAS. He pensado en ello. Quizá lo haga algún día.

La lluvia ha cesado y las personas situadas en el exterior de la multitud comienzan a irse.

LA FLORISTA. [Resentida con la reacción]. No es un caballero, no lo es, si interfiere con una pobre muchacha.

LA HIJA. [Fuera de sí, abriéndose paso bruscamente hacia el frente y desplazando al caballero, que se retira cortésmente al otro lado de la columna]. ¿Qué demonios está haciendo Freddy? Me dará una pulmonía si permanezco más tiempo en esta corriente de aire.

EL TOMADOR DE NOTAS. [Para sí mismo, tomando nota apresuradamente de su pronunciación de "monía"]. Earlscourt.

LA HIJA. [Violentamente]. ¿Quiere guardarse para sí sus impertinentes comentarios?

EL TOMADOR DE NOTAS. ¿Lo he dicho en voz alta? No era mi intención. Le ruego me disculpe. Su madre es Epsom, inconfundiblemente.

LA MADRE. [Avanzando entre su hija y el tomador de notas]. ¡Qué curioso! Me crié en Largelady Park, cerca de Epsom.

EL TOMADOR DE NOTAS. [Muy divertido]. ¡Ja, ja! ¡Qué nombre más diabólico! Disculpe. [A la hija]. ¿Quiere un taxi, verdad?

LA HIJA. No se atreva a hablarme.

LA MADRE. Oh, por favor, por favor Clara. [Su hija la repudia con un airado encogimiento de hombros y se retira, altanera]. Le estaríamos muy agradecidas, señor, si nos encontrara un taxi. [El tomador de notas saca un silbato]. Oh, gracias. [Se une a su hija]. El tomador de notas sopla un silbido penetrante.

EL TRANSEÚNTE SARCÁSTICO. ¡Ahí está! Sabía que era un policía de civil.

THE BYSTANDER. That ain't a police whistle: that's a sporting whistle.

THE FLOWER GIRL. [still preoccupied with her wounded feelings] He's no right to take away my character. My character is the same to me as any lady's.

THE NOTE TAKER. I don't know whether you've noticed it; but the rain stopped about two minutes ago.

THE BYSTANDER. So it has. Why didn't you say so before? and us losing our time listening to your silliness. [He walks off towards the Strand].

THE SARCASTIC BYSTANDER. I can tell where you come from. You come from Anwell. Go back there.

THE NOTE TAKER. [helpfully] Hanwell.

THE SARCASTIC BYSTANDER. [affecting great distinction of speech] Thenk you, teacher. Haw haw! So long [he touches his hat with mock respect and strolls off].

THE FLOWER GIRL. Frightening people like that! How would he like it himself.

THE MOTHER. It's quite fine now, Clara. We can walk to a motor bus. Come. [She gathers her skirts above her ankles and hurries off towards the Strand].

THE DAUGHTER. But the cab—[her mother is out of hearing]. Oh, how tiresome! [She follows angrily].

All the rest have gone except the note taker, the gentleman, and the flower girl, who sits arranging her basket, and still pitying herself in murmurs.

THE FLOWER GIRL. Poor girl! Hard enough for her to live without being worried and chivied.

THE GENTLEMAN. [returning to his former place on the note taker's

EL TRANSEÚNTE. Eso no es un silbato policial: es un silbato deportivo.

LA FLORISTA. [Aún preocupada por sus sentimientos heridos]. No tiene derecho a quitarme mi dignidad. Mi dignidad es para mí la misma que la de cualquier dama.

EL TOMADOR DE NOTAS. No sé si se han dado cuenta pero la lluvia ha parado hace unos dos minutos.

EL TRANSEÚNTE. Así es. ¿Por qué no lo dijo antes? Y nosotros perdiendo el tiempo escuchando sus tonterías. [Se aleja hacia Strand].

EL TRANSEÚNTE SARCÁSTICO. Puedo decir de dónde viene. Viene de «Anwell». Vuelva allí.

EL TOMADOR DE NOTAS. [Servicial]. Hanwell.

EL TRANSEÚNTE SARCÁSTICO. [Afectando gran distinción en el discurso]. Gracias, maestro. ¡Oh, oh! Hasta luego. [Se toca el sombrero con fingido respeto y se marcha].

LA FLORISTA. ¡Asustar así a la gente! Cómo le gustaría a él mismo.

LA MADRE. Ya está bien, Clara. Podemos ir caminando hasta el autobús. Vamos. [Se recoge las faldas por encima de los tobillos y sale corriendo hacia Strand].

LA HIJA. Pero el taxi... [Su madre no puede oírla]. ¡Oh, qué fastidio! [Ella la sigue enfadada].

Todos los demás se han ido, excepto el tomador de notas, el caballero y la florista, que está sentada arreglando su cesta y aún compadeciéndose entre murmullos.

LA FLORISTA. ¡Pobre muchacha! Ya es bastante duro para ella vivir como para que la preocupen y la persigan.

EL CABALLERO. [Volviendo a su antiguo lugar a la izquierda del tomador

left] How do you do it, if I may ask?

THE NOTE TAKER. Simply phonetics. The science of speech. That's my profession; also my hobby. Happy is the man who can make a living by his hobby! You can spot an Irishman or a Yorkshireman by his brogue. I can place any man within six miles. I can place him within two miles in London. Sometimes within two streets.

THE FLOWER GIRL. Ought to be ashamed of himself, unmanly coward!

THE GENTLEMAN. But is there a living in that?

THE NOTE TAKER. Oh yes. Quite a fat one. This is an age of upstarts. Men begin in Kentish Town with 80 pounds a year, and end in Park Lane with a hundred thousand. They want to drop Kentish Town; but they give themselves away every time they open their mouths. Now I can teach them—

THE FLOWER GIRL. Let him mind his own business and leave a poor girl—

THE NOTE TAKER. [explosively] Woman: cease this detestable boohooing instantly; or else seek the shelter of some other place of worship.

THE FLOWER GIRL. [with feeble defiance] I've a right to be here if I like, same as you.

THE NOTE TAKER. A woman who utters such depressing and disgusting sounds has no right to be anywhere—no right to live. Remember that you are a human being with a soul and the divine gift of articulate speech: that your native language is the language of Shakespeare and Milton and The Bible; and don't sit there crooning like a bilious pigeon.

THE FLOWER GIRL. [quite overwhelmed, and looking up at him in mingled wonder and deprecation without daring to raise her head] Ah—ah—ah—ow—ow—oo!

de notas]. ¿Cómo lo hace, si se puede saber?

EL TOMADOR DE NOTAS. Simplemente fonética. La ciencia del habla. Esa es mi profesión; también mi afición. ¡Feliz el hombre que puede ganarse la vida con su afición! Puede reconocer a un irlandés o a un yorkshire por su acento. Puedo situar a cualquier persona en un radio de seis millas. Puedo situarlo en un radio de dos millas en Londres. A veces en menos de dos calles.

LA FLORISTA. ¡Debería avergonzarse de sí mismo, cobarde poco viril!

EL CABALLERO. ¿Pero se puede vivir de eso?

EL TOMADOR DE NOTAS. Ah, sí. Bastante bien. Esta es una época de advenedizos. Los hombres empiezan en Kentish Town con 80 libras al año y terminan en Park Lane con cien mil. Quieren dejar Kentish Town; pero se delatan cada vez que abren la boca. Ahora bien, yo puedo enseñarles...

LA FLORISTA. Que se ocupe de sus asuntos y deje a una pobre muchacha...

EL TOMADOR DE NOTAS. [Explosivamente]. Mujer: cese de inmediato con este detestable abucheo; o sino busque el refugio de algún otro lugar de culto.

LA FLORISTA. [Desafiando con debilidad]. Tengo derecho a estar aquí si quiero, igual que usted.

EL TOMADOR DE NOTAS. Una mujer que emite sonidos tan deprimentes y repugnantes no tiene derecho a estar en ningún sitio, ni a vivir. Recuerde que usted es un ser humano con alma y el don divino del habla articulada: que su lengua materna es la lengua de Shakespeare y Milton y La Biblia; y no se quede ahí canturreando como una paloma biliosa.

LA FLORISTA. [Bastante abrumada y mirándole con asombro y desprecio mezclados, sin atreverse a levantar la cabeza]. ¡Ah-ah-ah-o-o-oo!

THE NOTE TAKER. [whipping out his book] Heavens! what a sound! [He writes; then holds out the book and reads, reproducing her vowels exactly] Ah—ah—ah—ow—ow—ow—oo!

THE FLOWER GIRL. [tickled by the performance, and laughing in spite of herself] Garn!

THE NOTE TAKER. You see this creature with her kerbstone English: the English that will keep her in the gutter to the end of her days. Well, sir, in three months I could pass that girl off as a duchess at an ambassador's garden party. I could even get her a place as lady's maid or shop assistant, which requires better English. That's the sort of thing I do for commercial millionaires. And on the profits of it I do genuine scientific work in phonetics, and a little as a poet on Miltonic lines.

THE GENTLEMAN. I am myself a student of Indian dialects; and—

THE NOTE TAKER. [eagerly] Are you? Do you know Colonel Pickering, the author of *Spoken Sanscrit*?

THE GENTLEMAN. I am Colonel Pickering. Who are you?

THE NOTE TAKER. Henry Higgins, author of *Higgins's Universal Alphabet*.

PICKERING. [with enthusiasm] I came from India to meet you.

HIGGINS. I was going to India to meet you.

PICKERING. Where do you live?

HIGGINS. 27A Wimpole Street. Come and see me tomorrow.

PICKERING. I'm at the Carlton. Come with me now and let's have a jaw over some supper.

HIGGINS. Right you are.

EL TOMADOR DE NOTAS. [Sacando su libro]. ¡Cielos! ¡Qué sonido! [Escribe; luego saca el libro y lee, reproduciendo exactamente sus vocales]. ¡Ah-ah-ah-o-o-oo!

LA FLORISTA. [Divertida por la actuación y riendo a pesar suyo]. ¡Increíble!

EL TOMADOR DE NOTAS. Ya ve a esa criatura con su inglés de bordillo: el inglés que la mantendrá en la cuneta hasta el fin de sus días. Bueno, señor, en tres meses yo podría hacer pasar a esa muchacha por una duquesa en la fiesta de jardín de un embajador. Incluso podría conseguirle un puesto como doncella de una señora o dependienta, lo que requiere un mejor inglés. Ese es el tipo de cosas que hago para los millonarios comerciales. Y en los beneficios de ello hago un auténtico trabajo científico en fonética, y un poco de poeta en líneas miltonianas.

EL CABALLERO. Yo mismo soy un estudioso de los dialectos indios y...

EL TOMADOR DE NOTAS. [Ansiosamente]. ¿Es usted? ¿Conoce al Coronel Pickering, el autor de *El sánscrito hablado*?

EL CABALLERO. Yo soy el Coronel Pickering. ¿Quién es usted?

EL TOMADOR DE NOTAS. Henry Higgins, autor de *El Alfabeto Universal de Higgins*.

PICKERING. [Con entusiasmo]. He venido desde la India para conocerle.

HIGGINS. Yo iba a ir a la India para conocerle a usted.

PICKERING. ¿Dónde vive?

HIGGINS. 27A Wimpole Street. Venga a verme mañana.

PICKERING. Estoy en el Carlton. Venga conmigo y cenemos algo.

HIGGINS. Así se hará.

THE FLOWER GIRL. [to Pickering, as he passes her] Buy a flower, kind gentleman. I'm short for my lodging.

PICKERING. I really haven't any change. I'm sorry [he goes away].

HIGGINS. [shocked at girl's mendacity] Liar. You said you could change half-a-crown.

THE FLOWER GIRL. [rising in desperation] You ought to be stuffed with nails, you ought. [Flinging the basket at his feet] Take the whole blooming basket for sixpence.

The church clock strikes the second quarter.

HIGGINS. [hearing in it the voice of God, rebuking him for his Pharisaic want of charity to the poor girl] A reminder. [He raises his hat solemnly; then throws a handful of money into the basket and follows Pickering].

THE FLOWER GIRL. [picking up a half-crown] Ah—ow—ooh! [Picking up a couple of florins] Aaah—ow—ooh! [Picking up several coins] Aaaaaah—ow—ooh! [Picking up a half-sovereign] Aasaaaaaaaaah—ow—ooh!!!

FREDDY. [springing out of a taxicab] Got one at last. Hallo! [To the girl] Where are the two ladies that were here?

THE FLOWER GIRL. They walked to the bus when the rain stopped.

FREDDY. And left me with a cab on my hands. Damnation!

THE FLOWER GIRL. [with grandeur] Never you mind, young man. I'm going home in a taxi. [She sails off to the cab. The driver puts his hand behind him and holds the door firmly shut against her. Quite understanding his mistrust, she shows him her handful of money]. Eightpence ain't no object to me, Charlie. [He grins and opens the door]. Angel Court, Drury Lane, round the corner of Micklejohn's oil shop. Let's see how fast you can make her hop it. [She gets in and pulls the door to with a slam as the taxicab starts].

FREDDY. Well, I'm dashed!

LA FLORISTA. [A Pickering, cuando pasa junto a ella]. Compre una flor, amable caballero. Necesito dinero para pagar mi alojamiento.

PICKERING. Realmente no tengo nada de cambio. Lo siento. [Se marcha].

HIGGINS. [Sorprendido por la mendacidad de la muchacha]. Mentirosa. Dijo que podía cambiar media corona.

LA FLORISTA. [Levantándose desesperada]. Deberían rellenarle de clavos, eso deberían. [Arrojando la cesta a sus pies]. Llévese toda la cesta de flores por seis peniques.

El reloj de la iglesia marca el segundo cuarto.

HIGGINS. [Oyendo en ella la voz de Dios, reprendiéndole por su farisaica falta de caridad hacia la pobre muchacha]. Un recordatorio. [Se levanta el sombrero solemnemente; luego echa un puñado de dinero en la cesta y sigue a Pickering].

LA FLORISTA. [Recogiendo una media corona]. ¡Aaah-o-ooh! [Recogiendo un par de florines]. ¡Aaah-o-ooh! [Recogiendo varias monedas]. ¡Aaaaaah-o-ooh! [Recogiendo medio soberano] ¡¡¡Aasaaaaaaaaah-o-ooh!!!

FREDDY. [Saliendo de un taxi]. Por fin conseguí uno. ¡Hola! [A la muchacha]. ¿Dónde están las dos señoras que estaban aquí?

LA FLORISTA. Caminaron hacia el autobús cuando dejó de llover.

FREDDY. Y me dejaron con un taxi en las manos. ¡Maldición!

LA FLORISTA. [Con grandeza]. No se preocupe, joven. Me voy a casa en taxi. [Se dirige hacia el taxi. El conductor pone la mano detrás de él y mantiene la puerta firmemente cerrada contra ella. Comprendiendo su desconfianza, ella le muestra su puñado de dinero]. Ocho peniques no son un problema para mí, Charlie. [Él sonríe y abre la puerta]. Angel Court, Drury Lane, a la vuelta de la esquina de la tienda de aceite de Micklejohn. Veamos lo rápido que puede hacerlo arrancar. [Ella entra y cierra la puerta de golpe mientras el taxi arranca].

FREDDY. ¡Vaya, estoy hecho polvo!

ACT II

Next day at 11 a.m. Higgins's laboratory in Wimpole Street. It is a room on the first floor, looking on the street, and was meant for the drawing-room. The double doors are in the middle of the back hall; and persons entering find in the corner to their right two tall file cabinets at right angles to one another against the walls. In this corner stands a flat writing-table, on which are a phonograph, a laryngoscope, a row of tiny organ pipes with a bellows, a set of lamp chimneys for singing flames with burners attached to a gas plug in the wall by an indiarubber tube, several tuning-forks of different sizes, a life-size image of half a human head, showing in section the vocal organs, and a box containing a supply of wax cylinders for the phonograph.

Further down the room, on the same side, is a fireplace, with a comfortable leather-covered easy-chair at the side of the hearth nearest the door, and a coal-scuttle. There is a clock on the mantelpiece. Between the fireplace and the phonograph table is a stand for newspapers.

On the other side of the central door, to the left of the visitor, is a cabinet of shallow drawers. On it is a telephone and the telephone directory. The corner beyond, and most of the side wall, is occupied by a grand piano, with the keyboard at the end furthest from the door, and a bench for the player extending the full length of the keyboard. On the piano is a dessert dish heaped with fruit and sweets, mostly chocolates.

The middle of the room is clear. Besides the easy chair, the piano bench, and two chairs at the phonograph table, there is one stray chair. It stands near the fireplace. On the walls, engravings; mostly Piranesis and mezzotint portraits. No paintings.

Pickering is seated at the table, putting down some cards and a tuning-fork which he has been using. Higgins is standing up near him, closing two or three file drawers which are hanging out. He appears in the morning light as a robust, vital, appetizing sort of man of forty or thereabouts, dressed in a professional-looking black frock-

ACTO II

Al día siguiente, a las 11 de la mañana, en el laboratorio de Higgins, en Wimpole Street. Es una habitación del primer piso, que da a la calle, y estaba destinada a salón. Las puertas dobles están en el centro del vestíbulo trasero; y las personas que entran encuentran en la esquina a su derecha dos archivos altos, en ángulo recto contra las paredes. En este rincón hay una mesa de escritorio plana, sobre la que hay un fonógrafo, un laringoscopio, una fila de diminutos tubos de órgano con un fuelle, un juego de chimeneas de lámpara para llamas de canto con quemadores unidos a un enchufe de gas en la pared por un tubo de caucho indio, varios diapasones de diferentes tamaños, una imagen a tamaño natural de media cabeza humana, que muestra en sección los órganos vocales, y una caja que contiene un suministro de cilindros de cera para el fonógrafo.

Más adelante, en el mismo lado de la habitación, hay una chimenea, con un cómodo sillón tapizado en cuero en el lado del hogar más cercano a la puerta, y una repisa para el carbón. En la repisa de la chimenea hay un reloj. Entre la chimenea y la mesa del fonógrafo hay un soporte para periódicos.

Al otro lado de la puerta central, a la izquierda del visitante, hay un mueble de cajones poco profundos. Sobre ella hay un teléfono y la guía telefónica. La esquina de más allá, y la mayor parte de la pared lateral, están ocupadas por un piano de cola, con el teclado en el extremo más alejado de la puerta, y un banco para el intérprete que se extiende a todo lo largo del teclado. Sobre el piano hay una fuente repleta de fruta y dulces, en su mayoría bombones de chocolate.

El centro de la habitación está despejado. Además de la butaca, el banco del piano y las dos sillas de la mesa del fonógrafo, hay una silla perdida. Se encuentra cerca de la chimenea. En las paredes, grabados; en su mayoría, retratos piranésicos y mezzotintos. No hay pinturas.

Pickering está sentado a la mesa, dejando unas cartas y un diapasón que ha estado utilizando. Higgins está de pie cerca de él, cerrando dos o tres cajones de archivos que cuelgan. A la luz de la mañana aparece como un hombre robusto, vital, deseable, de unos cuarenta años, vestido con un guardapolvo negro de aspecto profesional, con cuello de lino

coat with a white linen collar and black silk tie. He is of the energetic, scientific type, heartily, even violently interested in everything that can be studied as a scientific subject, and careless about himself and other people, including their feelings. He is, in fact, but for his years and size, rather like a very impetuous baby "taking notice" eagerly and loudly, and requiring almost as much watching to keep him out of unintended mischief. His manner varies from genial bullying when he is in a good humor to stormy petulance when anything goes wrong; but he is so entirely frank and void of malice that he remains likeable even in his least reasonable moments.

HIGGINS. [as he shuts the last drawer] Well, I think that's the whole show.

PICKERING. It's really amazing. I haven't taken half of it in, you know.

HIGGINS. Would you like to go over any of it again?

PICKERING. [rising and coming to the fireplace, where he plants himself with his back to the fire] No, thank you; not now. I'm quite done up for this morning.

HIGGINS. [following him, and standing beside him on his left] Tired of listening to sounds?

PICKERING. Yes. It's a fearful strain. I rather fancied myself because I can pronounce twenty-four distinct vowel sounds; but your hundred and thirty beat me. I can't hear a bit of difference between most of them.

HIGGINS. [chuckling, and going over to the piano to eat sweets] Oh, that comes with practice. You hear no difference at first; but you keep on listening, and presently you find they're all as different as A from B. [Mrs. Pearce looks in: she is Higgins's housekeeper] What's the matter?

MRS. PEARCE. [hesitating, evidently perplexed] A young woman wants to see you, sir.

blanco y corbata de seda negra. Es del tipo enérgico y científico, interesado de corazón, incluso violentamente, en todo lo que pueda estudiarse como tema científico, y despreocupado de sí mismo y de los demás, incluidos sus sentimientos. De hecho, a no ser por sus años y su tamaño, es más bien como un bebé muy impetuoso que «llama la atención» con impaciencia y en voz alta, y que requiere casi la misma vigilancia para evitar que haga travesuras involuntarias. Sus modales varían de la bravuconería genial cuando está de buen humor a la petulancia tempestuosa cuando algo va mal; pero es tan completamente franco y carente de malicia que sigue siendo simpático incluso en sus momentos menos razonables.

HIGGINS. [Mientras cierra el último cajón]. Bueno, creo que esa es toda la demostración.

PICKERING. Es realmente asombroso. No he asimilado ni la mitad.

HIGGINS. ¿Quiere volver a repasar algo?

PICKERING. [Levantándose y acercándose a la chimenea, donde se detiene de espaldas al fuego]. No, gracias; ahora no. Ya he terminado por esta mañana.

HIGGINS. [Le sigue y se coloca a su lado izquierdo]. ¿Cansado de escuchar sonidos?

PICKERING. Sí. Es un esfuerzo temible. Yo más bien me hacía ilusiones porque puedo pronunciar veinticuatro sonidos vocálicos distintos; pero sus ciento treinta me ganan. No puedo oír ni una pizca de diferencia entre la mayoría de ellas.

HIGGINS. [Riendo entre dientes, y acercándose al piano para comer dulces]. Oh, eso viene con la práctica. Al principio uno no oye ninguna diferencia; pero sigue escuchando, y pronto descubre que todas son tan diferentes como A de B. [Mrs. Pearce entra: es el ama de llaves de Higgins]. ¿Qué pasa?

MRS. PEARCE. [Vacilando, evidentemente perpleja]. Una joven mujer quiere verle, señor.

HIGGINS. A young woman! What does she want?

MRS. PEARCE. Well, sir, she says you'll be glad to see her when you know what she's come about. She's quite a common girl, sir. Very common indeed. I should have sent her away, only I thought perhaps you wanted her to talk into your machines. I hope I've not done wrong; but really you see such queer people sometimes—you'll excuse me, I'm sure, sir—

HIGGINS. Oh, that's all right, Mrs. Pearce. Has she an interesting accent?

MRS. PEARCE. Oh, something dreadful, sir, really. I don't know how you can take an interest in it.

HIGGINS. [to Pickering] Let's have her up. Show her up, Mrs. Pearce [he rushes across to his working table and picks out a cylinder to use on the phonograph].

MRS. PEARCE. [only half resigned to it] Very well, sir. It's for you to say. [She goes downstairs].

HIGGINS. This is rather a bit of luck. I'll show you how I make records. We'll set her talking; and I'll take it down first in Bell's visible Speech; then in broad Romic; and then we'll get her on the phonograph so that you can turn her on as often as you like with the written transcript before you.

MRS. PEARCE. [returning] This is the young woman, sir.

The flower girl enters in state. She has a hat with three ostrich feathers, orange, sky-blue, and red. She has a nearly clean apron, and the shoddy coat has been tidied a little. The pathos of this deplorable figure, with its innocent vanity and consequential air, touches Pickering, who has already straightened himself in the presence of Mrs. Pearce. But as to Higgins, the only distinction he makes between men and women is that when he is neither bullying nor exclaiming to the heavens against some featherweight cross, he coaxes women as a child coaxes its nurse when it wants to get anything out of her.

HIGGINS. ¡Una mujer joven! ¿Qué es lo que quiere?

MRS. PEARCE. Bueno, señor, dice que usted se alegrará de verla cuando sepa a qué ha venido. Es una muchacha bastante común, señor. Muy común de hecho. Yo debería haberla despedido, sólo que pensé que tal vez usted quería que hablara en sus máquinas. Espero no haber hecho mal; pero de verdad que a veces se ve gente tan rara —me disculpará, estoy segura, señor—.

HIGGINS. Oh, está bien, Mrs. Pearce. ¿Tiene un acento interesante?

MRS. PEARCE. Oh, algo espantoso, señor, de verdad. No sé cómo puede interesarle.

HIGGINS. [A Pickering] Vamos a hacerle subir. Hágala subir, Mrs. Pearce. [Se va con prisa hacia su mesa de trabajo y escoge un cilindro para utilizarlo en el fonógrafo].

MRS. PEARCE. [Sólo resignada a medias]. Muy bien, señor. Es usted quien debe decidirlo. [Baja las escaleras].

HIGGINS. Esto es más bien un poco de fortuna. Le mostraré cómo hago los registros. La pondremos a hablar; y yo la anotaré primero en el habla visible de Bell; luego en amplio románico; y después la pondremos en el fonógrafo para que usted pueda reproducirlo cuantas veces quiera con la transcripción escrita ante usted.

MRS. PEARCE. [Regresando]. Esta es la joven, señor.

La florista entra elegantemente. Lleva un sombrero con tres plumas de avestruz: naranja, azul cielo y rojo. Lleva un delantal casi limpio, y se ha arreglado un poco el raído abrigo. El patetismo de esta deplorable figura, con su inocente vanidad y su aire consecuente, conmueve a Pickering, que se ha puesto tieso en presencia de Mrs. Pearce. Pero en cuanto a Higgins, la única distinción que hace entre hombres y mujeres es que cuando no está intimidando ni poniendo el grito en el cielo por alguna pequeñez, engatusa a las mujeres como un niño engatusa a su nodriza cuando quiere sacarle algo.

HIGGINS. [brusquely, recognizing her with unconcealed disappointment, and at once, baby-like, making an intolerable grievance of it] Why, this is the girl I jotted down last night. She's no use: I've got all the records I want of the Lisson Grove lingo; and I'm not going to waste another cylinder on it. [To the girl] Be off with you: I don't want you.

THE FLOWER GIRL. Don't you be so saucy. You ain't heard what I come for yet. [To Mrs. Pearce, who is waiting at the door for further instruction] Did you tell him I come in a taxi?

MRS. PEARCE. Nonsense, girl! what do you think a gentleman like Mr. Higgins cares what you came in?

THE FLOWER GIRL. Oh, we are proud! He ain't above giving lessons, not him: I heard him say so. Well, I ain't come here to ask for any compliment; and if my money's not good enough I can go elsewhere.

HIGGINS. Good enough for what?

THE FLOWER GIRL. Good enough for ye—oo. Now you know, don't you? I'm come to have lessons, I am. And to pay for em too: make no mistake.

HIGGINS. [stupent] *Well!!!* [Recovering his breath with a gasp] What do you expect me to say to you?

THE FLOWER GIRL. Well, if you was a gentleman, you might ask me to sit down, I think. Don't I tell you I'm bringing you business?

HIGGINS. Pickering: shall we ask this baggage to sit down or shall we throw her out of the window?

THE FLOWER GIRL. [running away in terror to the piano, where she turns at bay] Ah—ah—ah—ow—ow—ow—oo! [Wounded and whimpering] I won't be called a baggage when I've offered to pay like any lady.

Motionless, the two men stare at her from the other side of the room, amazed.

HIGGINS. [Bruscamente, reconociéndola con inocultable decepción, y de inmediato, como un bebé, haciendo de ello un agravio intolerable]. Vaya, ésta es la muchacha que anoté anoche. No sirve para nada: tengo todos los registros que quiero de la jerga de Lisson Grove; y no voy a desperdiciar otro cilindro en ella. [A la muchacha]. Váyase: no quiero verla.

LA FLORISTA. No sea tan descarado. Aún no sabe a qué vengo. [A Mrs. Pearce, que espera en la puerta más instrucciones]. ¿Le ha dicho que vengo en taxi?

MRS. PEARCE. ¡Tonterías, muchacha! ¿Cree que le importa a un caballero como Mr. Higgins en qué ha venido?

LA FLORISTA. ¡Oh, somos tan orgullosos! No está por encima de dar lecciones, él no: se lo oí decir. Bueno, no he venido aquí a pedir ningún cumplido; y si mi dinero no es suficiente puedo irme a otra parte.

HIGGINS. ¿Suficiente para qué?

LA FLORISTA. Suficiente para usted. Ahora lo sabe, ¿verdad? He venido a recibir lecciones. Y a pagarlas también: no se equivoque.

HIGGINS. [Estupefacto]. *¡¡¡Bueno!!!* [Recuperando el aliento con un jadeo]. ¿Qué espera que le diga?

LA FLORISTA. Bueno, si fuera un caballero, me pediría que me sentara, creo. ¿No le he dicho que le traigo un negocio?

HIGGINS. Pickering: ¿le pedimos a esta carga que se siente o la tiramos por la ventana?

LA FLORISTA. [Huyendo aterrorizada hacia el piano, donde se sienta y gira a sus anchas]. ¡Ah-ah-ah-o-o-o-oo! [Herida y gimoteando]. No me llamará carga si he ofrecido pagar como cualquier dama.

Inmóviles, los dos hombres la miran desde el otro lado de la habitación, asombrados.

PICKERING. [gently] What is it you want, my girl?

THE FLOWER GIRL. I want to be a lady in a flower shop stead of selling at the corner of Tottenham Court Road. But they won't take me unless I can talk more genteel. He said he could teach me. Well, here I am ready to pay him—not asking any favor—and he treats me as if I was dirt.

MRS. PEARCE. How can you be such a foolish ignorant girl as to think you could afford to pay Mr. Higgins?

THE FLOWER GIRL. Why shouldn't I? I know what lessons cost as well as you do; and I'm ready to pay.

HIGGINS. How much?

THE FLOWER GIRL. [coming back to him, triumphant] Now you're talking! I thought you'd come off it when you saw a chance of getting back a bit of what you chucked at me last night. [Confidentially] You'd had a drop in, hadn't you?

HIGGINS. [peremptorily] Sit down.

THE FLOWER GIRL. Oh, if you're going to make a compliment of it—

HIGGINS. [thundering at her] Sit down.

MRS. PEARCE. [severely] Sit down, girl. Do as you're told. [She places the stray chair near the hearthrug between Higgins and Pickering, and stands behind it waiting for the girl to sit down].

THE FLOWER GIRL. Ah—ah—ah—ow—ow—oo! [She stands, half rebellious, half bewildered].

PICKERING. [very courteous] Won't you sit down?

LIZA. [coyly] Don't mind if I do. [She sits down. Pickering returns to the hearthrug].

HIGGINS. What's your name?

PICKERING. [Suavemente]. ¿Qué es lo que quiere, mi muchacha?

LA FLORISTA. Quiero ser una dama en una floristería en lugar de vender en la esquina de Tottenham Court Road. Pero no me aceptarán a menos que sepa hablar más gentilmente. Él dijo que podría enseñarme. Pues bien, aquí estoy, dispuesta a pagarle —sin pedirle ningún favor— y él me trata como si fuera una basura.

MRS. PEARCE. ¿Cómo puede ser una ignorante tan tonta como para pensar que podría permitirse pagar a Mr. Higgins?

LA FLORISTA. ¿Por qué no habría de poder hacerlo? Sé lo que cuestan las lecciones tan bien como usted; y estoy dispuesta a pagar.

HIGGINS. ¿Cuánto?

LA FLORISTA. [Volviendo hacia él, triunfante]. ¡Ahora sí! Pensé que se le pasaría cuando viera la oportunidad de recuperar un poco de lo que me echó anoche. [Confidencialmente]. Fue un momento de debilidad, ¿verdad?

HIGGINS. [Perentoriamente]. Siéntese.

LA FLORISTA. Oh, si va a hacer un cumplido de ello...

HIGGINS. [Tronando]. Siéntese.

MRS. PEARCE. [Severamente]. Siéntese, muchacha. Haga lo que se le dice. [Coloca la silla alejada cerca de la chimenea entre Higgins y Pickering, y se queda detrás de ella esperando a que la muchacha se siente].

LA FLORISTA. ¡Ah-ah-ah-o-o-oo! [Se levanta, medio rebelde, medio desconcertada].

PICKERING. [Muy cortés]. ¿No quiere sentarse?

LIZA. [Tímidamente]. No se preocupe si lo hago. [Ella se sienta. Pickering vuelve a la chimenea].

HIGGINS. ¿Cuál es su nombre?

THE FLOWER GIRL. Liza Doolittle.

HIGGINS. [declaiming gravely] Eliza, Elizabeth, Betsy and Bess, They went to the woods to get a bird's nes':

PICKERING. They found a nest with four eggs in it:

HIGGINS. They took one apiece, and left three in it.

They laugh heartily at their own wit.

LIZA. Oh, don't be silly.

MRS. PEARCE. You mustn't speak to the gentleman like that.

LIZA. Well, why won't he speak sensible to me?

HIGGINS. Come back to business. How much do you propose to pay me for the lessons?

LIZA. Oh, I know what's right. A lady friend of mine gets French lessons for eighteenpence an hour from a real French gentleman. Well, you wouldn't have the face to ask me the same for teaching me my own language as you would for French; so I won't give more than a shilling. Take it or leave it.

HIGGINS. [walking up and down the room, rattling his keys and his cash in his pockets] You know, Pickering, if you consider a shilling, not as a simple shilling, but as a percentage of this girl's income, it works out as fully equivalent to sixty or seventy guineas from a millionaire.

PICKERING. How so?

HIGGINS. Figure it out. A millionaire has about 150 pounds a day. She earns about half-a-crown.

LIZA. [haughtily] Who told you I only—

HIGGINS. [continuing] She offers me two-fifths of her day's income for

LA FLORISTA. Liza Doolittle.

HIGGINS. [Declamando gravemente]. Eliza, Elizabeth, Betsy y Bess fueron al bosque a buscar un nido de pájaro:

PICKERING. Encontraron un nido con cuatro huevos:

HIGGINS. Tomaron uno cada una, y dejaron tres en él.

Se ríen a carcajadas de su propio ingenio.

LIZA. Oh, no sea tonto.

MRS. PEARCE. No debe hablarle así al caballero.

LIZA. ¿Por qué no me habla con sensatez?

HIGGINS. Volvamos a los negocios. ¿Cuánto propone pagarme por las lecciones?

LIZA. Oh, sé lo que está bien. Una amiga mía recibe clases de francés por dieciocho peniques la hora de un auténtico caballero francés. Bueno, usted no tendría la caradurez de pedirme lo mismo por enseñarme mi propio idioma que por el francés; así que no le daré más de un chelín. Tómelo o déjelo.

HIGGINS. [Caminando arriba y abajo por la habitación, haciendo sonar sus llaves y su dinero en efectivo en los bolsillos]. Sabe, Pickering, si considera un chelín, no como un simple chelín, sino como un porcentaje de los ingresos de esta muchacha, resulta totalmente equivalente a sesenta o setenta guineas de un millonario.

PICKERING. ¿Cómo es eso?

HIGGINS. Calcúlelo. Un millonario tiene unas 150 libras al día. Ella gana alrededor de media corona.

LIZA. [Altivamente]. ¿Quién le dijo que yo sólo...?

HIGGINS. [Continúa]. Me ofrece dos quintos de sus ingresos del día por

a lesson. Two-fifths of a millionaire's income for a day would be somewhere about 60 pounds. It's handsome. By George, it's enormous! it's the biggest offer I ever had.

LIZA. [rising, terrified] Sixty pounds! What are you talking about? I never offered you sixty pounds. Where would I get—

HIGGINS. Hold your tongue.

LIZA. [weeping] But I ain't got sixty pounds. Oh—

MRS. PEARCE. Don't cry, you silly girl. Sit down. Nobody is going to touch your money.

HIGGINS. Somebody is going to touch you, with a broomstick, if you don't stop snivelling. Sit down.

LIZA. [obeying slowly] Ah—ah—ah—ow—oo—o! One would think you was my father.

HIGGINS. If I decide to teach you, I'll be worse than two fathers to you. Here [he offers her his silk handkerchief]!

LIZA. What's this for?

HIGGINS. To wipe your eyes. To wipe any part of your face that feels moist. Remember: that's your handkerchief; and that's your sleeve. Don't mistake the one for the other if you wish to become a lady in a shop.

Liza, utterly bewildered, stares helplessly at him.

MRS. PEARCE. It's no use talking to her like that, Mr. Higgins: she doesn't understand you. Besides, you're quite wrong: she doesn't do it that way at all [she takes the handkerchief].

LIZA. [snatching it] Here! You give me that handkerchief. He give it to me, not to you.

PICKERING. [laughing] He did. I think it must be regarded as her prop-

una lección. Dos quintos de los ingresos de un millonario por un día serían unas 60 libras. Es bueno. ¡Cielos, es enorme! Es la mayor oferta que he tenido nunca.

LIZA. [Levantándose, aterrorizada]. ¡Sesenta libras! ¿De qué está hablando? Nunca le he ofrecido sesenta libras. ¿De dónde sacaría...?

HIGGINS. Cállese.

LIZA. [Llorando]. Pero no tengo sesenta libras. Oh...

MRS. PEARCE. No llore, muchacha tonta. Siéntese. Nadie va a tocar su dinero.

HIGGINS. Alguien la va a tocar, con un palo de escoba, si no deja de lloriquear. Siéntese.

LIZA. [Obedeciendo lentamente]. ¡Ah-ah-ah-o-oo-o! Cualquiera diría que es mi padre.

HIGGINS. Si decido enseñarle, seré peor que dos padres para usted. Tome [le ofrece su pañuelo de seda].

LIZA. ¿Para qué es esto?

HIGGINS. Para limpiarse los ojos. Para limpiarse cualquier parte de la cara que sienta húmeda. Recuerde: ése es su pañuelo; y ésa es su manga. No confunda lo uno con lo otro si desea convertirse en una dama en una tienda.

Liza, totalmente desconcertada, le mira impotente.

MRS. PEARCE. Es inútil que le hable así, Mr. Higgins: ella no le entiende. Además, está usted muy equivocado: ella no lo hace así en absoluto. [Coge el pañuelo].

LIZA. [Arrebatándoselo]. ¡Tome! Deme ese pañuelo. Él me lo da a mí, no a usted.

PICKERING. [Riendo] Así es. Creo que debe considerarse de su propiedad,

erty, Mrs. Pearce.

MRS. PEARCE. [resigning herself] Serve you right, Mr. Higgins.

PICKERING. Higgins: I'm interested. What about the ambassador's garden party? I'll say you're the greatest teacher alive if you make that good. I'll bet you all the expenses of the experiment you can't do it. And I'll pay for the lessons.

LIZA. Oh, you are real good. Thank you, Captain.

HIGGINS. [tempted, looking at her] It's almost irresistible. She's so deliciously low—so horribly dirty—

LIZA. [protesting extremely] Ah—ah—ah—ah—ow—ow—oooo!!! I ain't dirty: I washed my face and hands afore I come, I did.

PICKERING. You're certainly not going to turn her head with flattery, Higgins.

MRS. PEARCE. [uneasy] Oh, don't say that, sir: there's more ways than one of turning a girl's head; and nobody can do it better than Mr. Higgins, though he may not always mean it. I do hope, sir, you won't encourage him to do anything foolish.

HIGGINS. [becoming excited as the idea grows on him] What is life but a series of inspired follies? The difficulty is to find them to do. Never lose a chance: it doesn't come every day. I shall make a duchess of this draggletailed guttersnipe.

LIZA. [strongly deprecating this view of her] Ah—ah—ah—ow—ow—oo!

HIGGINS. [carried away] Yes: in six months—in three if she has a good ear and a quick tongue—I'll take her anywhere and pass her off as anything. We'll start today: now! this moment! Take her away and clean her, Mrs. Pearce. Monkey Brand, if it won't come off any other way. Is there a good fire in the kitchen?

MRS. PEARCE. [protesting]. Yes; but—

Mrs. Pearce.

MRS. PEARCE. [Resignándose]. Le tiene merecido, Mr. Higgins.

PICKERING. Higgins: me interesa. ¿Y la fiesta de jardín del embajador? Diré que es el mejor profesor vivo si lo hace bien. Le apuesto todos los gastos del experimento a que no puede hacerlo. Y yo pagaré las lecciones.

LIZA. Es usted muy bueno. Gracias, Capitán.

HIGGINS. [Tentado, mirándola]. Es casi irresistible. Es tan deliciosamente baja, tan horriblemente sucia...

LIZA. [Protestando enérgicamente] ¡¡¡Ah-ah-ah-o-o-oooo!!! No estoy sucia: me lavé la cara y las manos antes de venir, lo hice.

PICKERING. Desde luego no va a hacerle volver la cabeza con halagos, Higgins.

MRS. PEARCE. [Intranquila]. Oh, no diga eso, señor: hay más de una forma de hacer girar la cabeza de una muchacha; y nadie puede hacerlo mejor que Mr. Higgins, aunque no siempre sea su intención. Espero, señor, que no le anime a hacer ninguna tontería.

HIGGINS. [Se excita a medida que la idea se desarrolla]. ¿Qué es la vida sino una serie de locuras inspiradas? Lo difícil es encontrarlas para hacerlas. Nunca pierdas una oportunidad: no se presenta todos los días. Haré una duquesa de esta golfilla con cola de arrastre.

LIZA. [Desaprobando enérgicamente esta visión de ella]. ¡Ah-ah-ah-o-o-oo!

HIGGINS. [Se deja llevar]. Sí: en seis meses —en tres si tiene buen oído y una lengua rápida— la llevaré a cualquier parte y la haré pasar por cualquier cosa. Empezaremos hoy: ¡ahora! ¡en este momento! Llévesela y límpiela, Mrs. Pearce. Use jabón Monkey Brand, si no sale de otra manera. ¿Hay un buen fuego en la cocina?

MRS. PEARCE. [Protestando]. Sí; pero...

HIGGINS. [storming on] Take all her clothes off and burn them. Ring up Whiteley or somebody for new ones. Wrap her up in brown paper till they come.

LIZA. You're no gentleman, you're not, to talk of such things. I'm a good girl, I am; and I know what the like of you are, I do.

HIGGINS. We want none of your Lisson Grove prudery here, young woman. You've got to learn to behave like a duchess. Take her away, Mrs. Pearce. If she gives you any trouble wallop her.

LIZA. [springing up and running between Pickering and Mrs. Pearce for protection] No! I'll call the police, I will.

MRS. PEARCE. But I've no place to put her.

HIGGINS. Put her in the dustbin.

LIZA. Ah—ah—ah—ow—ow—oo!

PICKERING. Oh come, Higgins! be reasonable.

MRS. PEARCE. [resolutely] You must be reasonable, Mr. Higgins: really you must. You can't walk over everybody like this.

Higgins, thus scolded, subsides. The hurricane is succeeded by a zephyr of amiable surprise.

HIGGINS. [with professional exquisiteness of modulation] I walk over everybody! My dear Mrs. Pearce, my dear Pickering, I never had the slightest intention of walking over anyone. All I propose is that we should be kind to this poor girl. We must help her to prepare and fit herself for her new station in life. If I did not express myself clearly it was because I did not wish to hurt her delicacy, or yours.

Liza, reassured, steals back to her chair.

MRS. PEARCE. [to Pickering] Well, did you ever hear anything like that, sir?

HIGGINS. [Irrumpiendo]. Quítele toda la ropa y quémela. Llame a Whiteley o a alguien para que le traigan ropas nuevas. Envuélvala en papel de estraza hasta que lleguen.

LIZA. Usted no es un caballero, no lo es, para hablar de esas cosas. Soy una buena muchacha, lo soy; y sé lo que son ustedes, lo sé.

HIGGINS. No queremos nada de su mojigatería de Lisson Grove aquí, jovencita. Tiene que aprender a comportarse como una duquesa. Llévesela, Mrs. Pearce. Si le da algún problema golpéela.

LIZA. [Saltando y corriendo entre Pickering y Mrs. Pearce para protegerse]. ¡No! Llamaré a la policía, lo haré.

MRS. PEARCE. Pero no tengo dónde ponerla.

HIGGINS. Póngala en el cubo de la basura.

LIZA. ¡Ah-ah-ah-o-o-oo!

PICKERING. ¡Oh, vamos, Higgins! Sea razonable.

MRS. PEARCE. [Resueltamente]. Debe ser razonable, Mr. Higgins: realmente debe serlo. No puede pisotear así a todo el mundo.

Higgins, así regañado, se calma. Al huracán le sucede un céfiro de amable sorpresa.

HIGGINS. [Con exquisitez profesional en la modulación]. ¡Pisoteo a todo el mundo! Mi querida Mrs. Pearce, mi querido Pickering, nunca he tenido la menor intención de pasar por encima de nadie. Lo único que propongo es que seamos amables con esta pobre muchacha. Debemos ayudarla a prepararse y adecuarse a su nueva estación en la vida. Si no me expresé con claridad fue porque no deseaba herir su delicadeza, ni la suya.

Liza, tranquilizada, regresa a su silla.

MRS. PEARCE. [A Pickering]. Bueno, ¿alguna vez ha oído algo así, señor?

PICKERING. [laughing heartily] Never, Mrs. Pearce: never.

HIGGINS. [patiently] What's the matter?

MRS. PEARCE. Well, the matter is, sir, that you can't take a girl up like that as if you were picking up a pebble on the beach.

HIGGINS. Why not?

MRS. PEARCE. Why not! But you don't know anything about her. What about her parents? She may be married.

LIZA. Garn!

HIGGINS. There! As the girl very properly says, Garn! Married indeed! Don't you know that a woman of that class looks a worn out drudge of fifty a year after she's married.

LIZA. Who'd marry me?

HIGGINS. [suddenly resorting to the most thrillingly beautiful low tones in his best elocutionary style] By George, Eliza, the streets will be strewn with the bodies of men shooting themselves for your sake before I've done with you.

MRS. PEARCE. Nonsense, sir. You mustn't talk like that to her.

LIZA. [rising and squaring herself determinedly] I'm going away. He's off his chump, he is. I don't want no balmies teaching me.

HIGGINS. [wounded in his tenderest point by her insensibility to his elocution] Oh, indeed! I'm mad, am I? Very well, Mrs. Pearce: you needn't order the new clothes for her. Throw her out.

LIZA. [whimpering] Nah—ow. You got no right to touch me.

MRS. PEARCE. You see now what comes of being saucy. [Indicating the door] This way, please.

LIZA. [almost in tears] I didn't want no clothes. I wouldn't have tak-

PICKERING. [Riendo a carcajadas]. Nunca, Mrs. Pearce: nunca.

HIGGINS. [Pacientemente]. ¿Qué ocurre?

MRS. PEARCE. Bueno, la cuestión es, señor, que no se puede coger a una muchacha así como quien coge un guijarro en la playa.

HIGGINS. ¿Por qué no?

MRS. PEARCE. ¿Por qué no? Pero usted no sabe nada de ella. ¿Qué hay de sus padres? Puede que esté casada.

LIZA. ¡Increíble!

HIGGINS. ¡Ahí está! Como muy bien dice la muchacha, ¡Increíble! ¡Casada de verdad! ¿No sabe que una mujer de esa clase parece una gastada zángana de cincuenta años al año de casarse?

LIZA. ¿Quién se casaría conmigo?

HIGGINS. [Recurriendo de repente a los tonos graves más estremecedoramente bellos en su mejor estilo elocucionario]. Cielos, Eliza, las calles estarán sembradas de cadáveres de hombres pegándose tiros por su causa antes de que yo haya acabado con usted.

MRS. PEARCE. Tonterías, señor. No debe hablarle así.

LIZA. [Levantándose y cuadrándose con determinación]. Me voy. Se pasó de la raya. No quiero que ningún pelmazo me enseñe.

HIGGINS. [Herido en su punto más tierno por la insensibilidad de ella a su elocución]. ¡Oh, sí! Estoy loco, ¿verdad? Muy bien, Mrs. Pearce: no hace falta que encargue la ropa nueva para ella. Échela.

LIZA. [Lloriqueando]. Noh-o. No tiene derecho a tocarme.

MRS. PEARCE. Ahora ve lo que pasa por ser descarada. [Indicando la puerta]. Por aquí, por favor.

LIZA. [Casi llorando]. No quería ropa. No las habría cogido. [Tira el pa-

en them [she throws away the handkerchief]. I can buy my own clothes.

HIGGINS. [deftly retrieving the handkerchief and intercepting her on her reluctant way to the door] You're an ungrateful wicked girl. This is my return for offering to take you out of the gutter and dress you beautifully and make a lady of you.

MRS. PEARCE. Stop, Mr. Higgins. I won't allow it. It's you that are wicked. Go home to your parents, girl; and tell them to take better care of you.

LIZA. I ain't got no parents. They told me I was big enough to earn my own living and turned me out.

MRS. PEARCE. Where's your mother?

LIZA. I ain't got no mother. Her that turned me out was my sixth stepmother. But I done without them. And I'm a good girl, I am.

HIGGINS. Very well, then, what on earth is all this fuss about? The girl doesn't belong to anybody—is no use to anybody but me. [He goes to Mrs. Pearce and begins coaxing]. You can adopt her, Mrs. Pearce: I'm sure a daughter would be a great amusement to you. Now don't make any more fuss. Take her downstairs; and—

MRS. PEARCE. But what's to become of her? Is she to be paid anything? Do be sensible, sir.

HIGGINS. Oh, pay her whatever is necessary: put it down in the housekeeping book. [Impatiently] What on earth will she want with money? She'll have her food and her clothes. She'll only drink if you give her money.

LIZA. [turning on him] Oh you are a brute. It's a lie: nobody ever saw the sign of liquor on me. [She goes back to her chair and plants herself there defiantly].

PICKERING. [in good-humored remonstrance] Does it occur to you, Higgins, that the girl has some feelings?

ñuelo]. Puedo comprarme mi propia ropa.

HIGGINS. [Recuperando hábilmente el pañuelo e interceptándola en su renuente camino hacia la puerta]. Usted es una malvada desagradecida. Esta es mi recompensa por ofrecerme a sacarla de la cuneta y vestirla maravillosamente y hacer de usted una dama.

MRS. PEARCE. Deténgase, Mr. Higgins. No lo permitiré. Usted es el malvado. Vaya a casa con sus padres, muchacha; y dígales que la cuiden mejor.

LIZA. No tengo padres. Me dijeron que ya era mayorcita para ganarme la vida y me echaron.

MRS. PEARCE. ¿Dónde está su madre?

LIZA. No tengo madre. La que me echó fue mi sexta madrastra. Pero he prescindido de ellas. Y soy una buena muchacha, lo soy.

HIGGINS. Muy bien, entonces, ¿a qué viene todo este alboroto? La muchacha no pertenece a nadie, no es útil para nadie excepto para mí. [Se dirige a Mrs. Pearce y comienza a engatusarla]. Puede adoptarla, Mrs. Pearce: estoy seguro de que una hija sería una gran diversión para usted. Ahora no haga más alboroto. Llévela abajo; y...

MRS. PEARCE. Pero, ¿qué va a ser de ella? ¿Se le va a pagar algo? Sea sensato, señor.

HIGGINS. Oh, páguele lo que sea necesario: anótelo en el libro de la casa. [Impaciente]. ¿Para qué demonios querrá ella dinero? Ella tendrá su comida y su ropa. Sólo beberá si le da dinero.

LIZA. [Volviéndose contra él]. Oh, usted es un bruto. Es mentira: nadie ha visto nunca en mí la señal del licor. [Vuelve a su silla y se planta allí desafiante].

PICKERING. [Con buen humor]. ¿No se le ocurre, Higgins, que la muchacha tiene algunos sentimientos?

HIGGINS. [looking critically at her] Oh no, I don't think so. Not any feelings that we need bother about. [Cheerily] Have you, Eliza?

LIZA. I got my feelings same as anyone else.

HIGGINS. [to Pickering, reflectively] You see the difficulty?

PICKERING. Eh? What difficulty?

HIGGINS. To get her to talk grammar. The mere pronunciation is easy enough.

LIZA. I don't want to talk grammar. I want to talk like a lady.

MRS. PEARCE. Will you please keep to the point, Mr. Higgins. I want to know on what terms the girl is to be here. Is she to have any wages? And what is to become of her when you've finished your teaching? You must look ahead a little.

HIGGINS. [impatiently] What's to become of her if I leave her in the gutter? Tell me that, Mrs. Pearce.

MRS. PEARCE. That's her own business, not yours, Mr. Higgins.

HIGGINS. Well, when I've done with her, we can throw her back into the gutter; and then it will be her own business again; so that's all right.

LIZA. Oh, you've no feeling heart in you: you don't care for nothing but yourself [she rises and takes the floor resolutely]. Here! I've had enough of this. I'm going [making for the door]. You ought to be ashamed of yourself, you ought.

HIGGINS. [snatching a chocolate cream from the piano, his eyes suddenly beginning to twinkle with mischief] Have some chocolates, Eliza.

LIZA. [halting, tempted] How do I know what might be in them? I've heard of girls being drugged by the like of you.

HIGGINS. [Mirándola críticamente]. Oh no, no lo creo. No hay sentimientos por los que debamos preocuparnos. [Alegremente]. ¿Los tiene, Eliza?

LIZA. Tengo mis sentimientos como cualquier otra persona.

HIGGINS. [A Pickering, reflexivamente]. ¿Ve la dificultad?

PICKERING. ¿Eh? ¿Qué dificultad?

HIGGINS. Para que hable con gramática. La mera pronunciación es bastante fácil.

LIZA. No quiero hablar con gramática. Quiero hablar como una dama.

MRS. PEARCE. Haga el favor de ir al grano, Mr. Higgins. Quiero saber en qué condiciones va a estar aquí la muchacha. ¿Va a tener algún salario? ¿Y qué va a ser de ella cuando haya terminado su enseñanza? Debe pensar un poco hacia adelante.

HIGGINS. [Impaciente]. ¿Qué será de ella si la dejo en la cuneta? Dígamelo, Mrs. Pearce.

MRS. PEARCE. Eso es asunto de ella, no suyo, Mr. Higgins.

HIGGINS. Bueno, cuando haya acabado con ella, podemos volver a tirarla a la cuneta; y entonces volverá a ser asunto suyo; así que está bien.

LIZA. Oh, usted no tiene un corazón sensible: no le importa nada aparte de usted mismo. [Se levanta y levanta la voz con decisión]. ¡Ya está! Ya he tenido bastante. Me voy. [Se dirige a la puerta]. Debería avergonzarse de sí mismo, debería.

HIGGINS. [Arrebata una crema de chocolate del piano, sus ojos de repente empiezan a brillar con picardía]. Tome unos bombones, Eliza.

LIZA. [Vacilante, tentada]. ¿Cómo voy a saber lo que pueden contener? He oído hablar de muchachas drogadas por gente como usted.

Higgins whips out his penknife; cuts a chocolate in two; puts one half into his mouth and bolts it; and offers her the other half.

HIGGINS. Pledge of good faith, Eliza. I eat one half you eat the other.

[Liza opens her mouth to retort: he pops the half chocolate into it]. You shall have boxes of them, barrels of them, every day. You shall live on them. Eh?

LIZA. [who has disposed of the chocolate after being nearly choked by it] I wouldn't have ate it, only I'm too ladylike to take it out of my mouth.

HIGGINS. Listen, Eliza. I think you said you came in a taxi.

LIZA. Well, what if I did? I've as good a right to take a taxi as anyone else.

HIGGINS. You have, Eliza; and in future you shall have as many taxis as you want. You shall go up and down and round the town in a taxi every day. Think of that, Eliza.

MRS. PEARCE. Mr. Higgins: you're tempting the girl. It's not right. She should think of the future.

HIGGINS. At her age! Nonsense! Time enough to think of the future when you haven't any future to think of. No, Eliza: do as this lady does: think of other people's futures; but never think of your own. Think of chocolates, and taxis, and gold, and diamonds.

LIZA. No: I don't want no gold and no diamonds. I'm a good girl, I am. [She sits down again, with an attempt at dignity].

HIGGINS. You shall remain so, Eliza, under the care of Mrs. Pearce. And you shall marry an officer in the Guards, with a beautiful moustache: the son of a marquis, who will disinherit him for marrying you, but will relent when he sees your beauty and goodness—

PICKERING. Excuse me, Higgins; but I really must interfere. Mrs.

Higgins saca su navaja; corta un bombón en dos; se mete una mitad en la boca y la cierra; y le ofrece la otra mitad.

HIGGINS. Promesa de buena fe, Eliza. Yo como una mitad usted come la otra.

[Liza abre la boca para replicar: él le mete el medio chocolate]. Tendrá cajas de ellos, barriles de ellos, todos los días. Vivirá de ellos. ¿Eh?

LIZA. [Que se ha deshecho del chocolate tras estar a punto de ahogarse con él]. No me lo habría comido, sólo que soy demasiado una dama como para quitármelo de la boca.

HIGGINS. Escuche, Eliza. Creo que dijo que había venido en taxi.

LIZA. Bueno, ¿y si así fuera? Tengo tanto derecho a coger un taxi como cualquiera.

HIGGINS. Así es, Eliza; y en el futuro tendrá tantos taxis como quiera. Irá y vendrá y dará la vuelta a la ciudad en taxi todos los días. Piense en ello, Eliza.

MRS. PEARCE. Mr. Higgins: está tentando a la muchacha. No está bien. Ella debería pensar en el futuro.

HIGGINS. ¡A su edad! ¡Tonterías! Tiempo suficiente para pensar en el futuro cuando no se tiene ningún futuro en el que pensar. No, Eliza: haga como esta dama: piense en el futuro de los demás; pero nunca piense en el suyo. Piense en chocolates, y taxis, y oro, y diamantes.

LIZA. No: no quiero oro ni diamantes. Soy una buena muchacha, lo soy. [Se sienta de nuevo, con un intento de dignidad].

HIGGINS. Permanecerá así, Eliza, bajo el cuidado de Mrs. Pearce. Y se casará con un oficial de la Guardia, con un hermoso bigote: el hijo de un marqués, que le desheredará por casarse él con usted, pero que cederá cuando vea su belleza y bondad...

PICKERING. Discúlpeme, Higgins; pero realmente debo interferir. Mrs.

Pearce is quite right. If this girl is to put herself in your hands for six months for an experiment in teaching, she must understand thoroughly what she's doing.

HIGGINS. How can she? She's incapable of understanding anything. Besides, do any of us understand what we are doing? If we did, would we ever do it?

PICKERING. Very clever, Higgins; but not sound sense. [To Eliza] Miss Doolittle—

LIZA. [overwhelmed] Ah—ah—ow—oo!

HIGGINS. There! That's all you get out of Eliza. Ah—ah—ow—oo! No use explaining. As a military man you ought to know that. Give her her orders: that's what she wants. Eliza: you are to live here for the next six months, learning how to speak beautifully, like a lady in a florist's shop. If you're good and do whatever you're told, you shall sleep in a proper bedroom, and have lots to eat, and money to buy chocolates and take rides in taxis. If you're naughty and idle you will sleep in the back kitchen among the black beetles, and be walloped by Mrs. Pearce with a broomstick. At the end of six months you shall go to Buckingham Palace in a carriage, beautifully dressed. If the King finds out you're not a lady, you will be taken by the police to the Tower of London, where your head will be cut off as a warning to other presumptuous flower girls. If you are not found out, you shall have a present of seven-and-sixpence to start life with as a lady in a shop. If you refuse this offer you will be a most ungrateful and wicked girl; and the angels will weep for you. [To Pickering] Now are you satisfied, Pickering? [To Mrs. Pearce] Can I put it more plainly and fairly, Mrs. Pearce?

MRS. PEARCE. [patiently] I think you'd better let me speak to the girl properly in private. I don't know that I can take charge of her or consent to the arrangement at all. Of course I know you don't mean her any harm; but when you get what you call interested in people's accents, you never think or care what may happen to them or you. Come with me, Eliza.

HIGGINS. That's all right. Thank you, Mrs. Pearce. Bundle her off to the

Pearce tiene mucha razón. Si esta muchacha va a ponerse en sus manos durante seis meses para un experimento de aprendizaje, debe entender perfectamente lo que está haciendo.

HIGGINS. ¿Cómo puede? Es incapaz de entender nada. Además, ¿alguno de nosotros entiende lo que está haciendo? Si lo hiciéramos, ¿lo haríamos alguna vez?

PICKERING. Muy inteligente, Higgins; pero sin sentido común. [A Eliza]. Miss Doolittle...

LIZA. [Abrumada]. ¡Ah-ah-o-oo!

HIGGINS. ¡Ya está! Eso es todo lo que le puede sacar a Eliza. ¡Ah-ah-o-oo! Es inútil explicarlo. Como militar debería saberlo. Dele sus órdenes: eso es lo que quiere. Eliza: va a vivir aquí los próximos seis meses, aprendiendo a hablar bonito, como una dama en una floristería. Si es buena y hace todo lo que se le diga, dormirá en un dormitorio adecuado, y tendrá mucho que comer, y dinero para comprar bombones y dar paseos en taxi. Si es traviesa y holgazana dormirá en la cocina trasera entre los escarabajos negros y será aporreada por Mrs. Pearce con un palo de escoba. Al cabo de seis meses irá al Palacio de Buckingham en carruaje, bellamente vestida. Si el Rey descubre que no es una dama, será llevada por la policía a la Torre de Londres, donde le cortarán la cabeza como advertencia a otras floristas presuntuosas. Si no es descubierta, tendrá un regalo de siete chelines y seis peniques para empezar su vida como dama en una tienda. Si rechaza esta oferta será una muchacha de lo más desagradecida y malvada; y los ángeles llorarán por usted. [A Pickering]. ¿Ahora está satisfecho, Pickering? [A Mrs. Pearce]. ¿Puedo decirlo más clara y justamente, Mrs. Pearce?

MRS. PEARCE. [Pacientemente]. Creo que será mejor que me deje hablar con la muchacha en privado. No sé si puedo hacerme cargo de ella o consentir el arreglo en absoluto. Por supuesto, sé que no quiere hacerle ningún daño; pero cuando usted se interesa en lo que se llama el acento de la gente, nunca piensa ni le importa lo que pueda pasarles a ellos o a usted. Venga conmigo, Eliza.

HIGGINS. No hay de qué. Gracias, Mrs. Pearce. Llévela al cuarto de baño.

bath-room.

LIZA. [rising reluctantly and suspiciously] You're a great bully, you are. I won't stay here if I don't like. I won't let nobody wallop me. I never asked to go to Bucknam Palace, I didn't. I was never in trouble with the police, not me. I'm a good girl—

MRS. PEARCE. Don't answer back, girl. You don't understand the gentleman. Come with me. [She leads the way to the door, and holds it open for Eliza].

LIZA. [as she goes out] Well, what I say is right. I won't go near the king, not if I'm going to have my head cut off. If I'd known what I was letting myself in for, I wouldn't have come here. I always been a good girl; and I never offered to say a word to him; and I don't owe him nothing; and I don't care; and I won't be put upon; and I have my feelings the same as anyone else—

Mrs. Pearce shuts the door; and Eliza's plaints are no longer audible. Pickering comes from the hearth to the chair and sits astride it with his arms on the back.

PICKERING. Excuse the straight question, Higgins. Are you a man of good character where women are concerned?

HIGGINS. [moodily] Have you ever met a man of good character where women are concerned?

PICKERING. Yes: very frequently.

HIGGINS. [dogmatically, lifting himself on his hands to the level of the piano, and sitting on it with a bounce] Well, I haven't. I find that the moment I let a woman make friends with me, she becomes jealous, exacting, suspicious, and a damned nuisance. I find that the moment I let myself make friends with a woman, I become selfish and tyrannical. Women upset everything. When you let them into your life, you find that the woman is driving at one thing and you're driving at another.

PICKERING. At what, for example?

LIZA. [Levantándose de mala gana y con recelo]. Usted es un gran matón. No me quedaré aquí si no me gusta. No dejaré que nadie me golpee. Nunca pedí ir al Palacio Bucknam, no lo hice. Nunca tuve problemas con la policía, no yo. Soy una buena muchacha...

MRS. PEARCE. No responda, muchacha. No entiende al caballero. Venga conmigo. [Se dirige a la puerta y la mantiene abierta para Eliza].

LIZA. [Mientras sale]. Bueno, lo que digo es cierto. No me acercaré al rey, no si me van a cortar la cabeza. Si hubiera sabido en lo que me estaba metiendo, no habría venido aquí. Siempre he sido una buena muchacha; y nunca me ofrecí a decirle una palabra; y no le debo nada; y no me importa; y no me van a presionar; y tengo mis sentimientos igual que cualquier otra persona...

Mrs. Pearce cierra la puerta y las quejas de Eliza ya no se oyen. Pickering viene de la chimenea a la silla y se sienta a horcajadas en ella con los brazos sobre el respaldo.

PICKERING. Disculpe la pregunta directa, Higgins. ¿Es usted un hombre de carácter correcto en lo que concierne a las mujeres?

HIGGINS. [Malhumorado]. ¿Ha conocido alguna vez a un hombre de carácter correcto en lo que respecta a las mujeres?

PICKERING. Sí: con mucha frecuencia.

HIGGINS. [Dogmáticamente, elevándose sobre sus manos hasta el nivel del piano, y sentándose en él rebotando]. Pues yo no. Descubro que en el momento en que dejo que una mujer se haga amiga mía, se vuelve celosa, exigente, desconfiada y un maldito incordio. Encuentro que en el momento en que me permito hacer amistad con una mujer, me vuelvo egoísta y tiránico. Las mujeres lo alteran todo. Cuando uno las deja entrar en su vida, descubre que la mujer le lleva a una cosa y usted a otra.

PICKERING. ¿A qué, por ejemplo?

HIGGINS. [coming off the piano restlessly] Oh, Lord knows! I suppose the woman wants to live her own life; and the man wants to live his; and each tries to drag the other on to the wrong track. One wants to go north and the other south; and the result is that both have to go east, though they both hate the east wind. [He sits down on the bench at the keyboard]. So here I am, a confirmed old bachelor, and likely to remain so.

PICKERING. [rising and standing over him gravely] Come, Higgins! You know what I mean. If I'm to be in this business I shall feel responsible for that girl. I hope it's understood that no advantage is to be taken of her position.

HIGGINS. What! That thing! Sacred, I assure you. [Rising to explain] You see, she'll be a pupil; and teaching would be impossible unless pupils were sacred. I've taught scores of American millionairesses how to speak English: the best looking women in the world. I'm seasoned. They might as well be blocks of wood. I might as well be a block of wood. It's—

Mrs. Pearce opens the door. She has Eliza's hat in her hand. Pickering retires to the easy-chair at the hearth and sits down.

HIGGINS. [eagerly] Well, Mrs. Pearce: is it all right?

MRS. PEARCE. [at the door] I just wish to trouble you with a word, if I may, Mr. Higgins.

HIGGINS. Yes, certainly. Come in. [She comes forward]. Don't burn that, Mrs. Pearce. I'll keep it as a curiosity. [He takes the hat].

MRS. PEARCE. Handle it carefully, sir, please. I had to promise her not to burn it; but I had better put it in the oven for a while.

HIGGINS. [putting it down hastily on the piano] Oh! thank you. Well, what have you to say to me?

PICKERING. Am I in the way?

MRS. PEARCE. Not at all, sir. Mr. Higgins: will you please be very par-

HIGGINS. [Bajando del piano inquieto]. ¡Oh, sabe Dios! Supongamos que la mujer quiere vivir su propia vida; y el hombre quiere vivir la suya; y cada uno intenta arrastrar al otro por el camino equivocado. Uno quiere ir hacia el norte y el otro hacia el sur; y el resultado es que ambos tienen que ir hacia el este, aunque los dos odian el viento del este. [Se sienta en el banco ante el teclado]. Así que aquí estoy, un viejo solterón empedernido, y es probable que siga siéndolo.

PICKERING. [Levantándose y poniéndose gravemente a su lado]. ¡Vamos, Higgins! Ya sabe lo que quiero decir. Si voy a estar en este negocio me sentiré responsable de esa muchacha. Espero que se entienda que no debe aprovecharse de su posición.

HIGGINS. ¡Qué! ¡Esa cosa! Sagrada, se lo aseguro. [Levantándose para explicar]. Verá usted, ella será una alumna; y la enseñanza sería imposible si las alumnas no fueran sagradas. He enseñado a decenas de millonarias americanas a hablar inglés: las mujeres más guapas del mundo. Estoy curtido. Bien podrían ser bloques de madera. Yo también podría ser un bloque de madera. Es...

Mrs. Pearce abre la puerta. Tiene el sombrero de Eliza en la mano. Pickering se retira al sillón de la chimenea y se sienta.

HIGGINS. [Ansiosamente]. Bien, Mrs. Pearce: ¿está todo bien?

MRS. PEARCE. [En la puerta]. Sólo deseo molestarle con unas palabras, si me lo permite, Mr. Higgins.

HIGGINS. Sí, desde luego. Adelante. [Ella se acerca]. No queme eso, Mrs. Pearce. Lo guardaré como una curiosidad. [Él coge el sombrero].

MRS. PEARCE. Trátelo con cuidado, señor, por favor. Tuve que prometerle que no lo quemaría; pero será mejor que lo meta un rato en el horno.

HIGGINS. [Dejándolo apresuradamente sobre el piano]. ¡Oh! gracias. Bueno, ¿qué tiene para decirme?

PICKERING. ¿Estorbo?

MRS. PEARCE. No, en absoluto, señor. Mr. Higgins: ¿podría ser muy cuida-

ticular what you say before the girl?

HIGGINS. [sternly] Of course. I'm always particular about what I say. Why do you say this to me?

MRS. PEARCE. [unmoved] No, sir: you're not at all particular when you've mislaid anything or when you get a little impatient. Now it doesn't matter before me: I'm used to it. But you really must not swear before the girl.

HIGGINS. [indignantly] I swear! [Most emphatically] I never swear. I detest the habit. What the devil do you mean?

MRS. PEARCE. [stolidly] That's what I mean, sir. You swear a great deal too much. I don't mind your damning and blasting, and what the devil and where the devil and who the devil—

HIGGINS. Really! Mrs. Pearce: this language from your lips!

MRS. PEARCE. [not to be put off]—but there is a certain word I must ask you not to use. The girl has just used it herself because the bath was too hot. It begins with the same letter as bath. She knows no better: she learnt it at her mother's knee. But she must not hear it from your lips.

HIGGINS. [loftily] I cannot charge myself with having ever uttered it, Mrs. Pearce. [She looks at him steadfastly. He adds, hiding an uneasy conscience with a judicial air] Except perhaps in a moment of extreme and justifiable excitement.

MRS. PEARCE. Only this morning, sir, you applied it to your boots, to the butter, and to the brown bread.

HIGGINS. Oh, that! Mere alliteration, Mrs. Pearce, natural to a poet.

MRS. PEARCE. Well, sir, whatever you choose to call it, I beg you not to let the girl hear you repeat it.

HIGGINS. Oh, very well, very well. Is that all?

doso en lo que dice ante la muchacha?

HIGGINS. [Severamente]. Por supuesto. Siempre soy cuidadoso con lo que digo. ¿Por qué me dice esto?

MRS. PEARCE. [Impasible]. No, señor: usted no es nada cuidadoso cuando se le ha perdido algo o cuando se impacienta un poco. Ahora bien, no importa lo que diga delante mío: estoy acostumbrada. Pero de verdad que no debe jurar ante la muchacha.

HIGGINS. [Indignado]. ¡Jurar! [Más enfáticamente]. Yo nunca digo juramentos. Detesto ese hábito. ¿Qué demonios quiere decir?

MRS. PEARCE. [Con firmeza]. A eso me refiero, señor. Jura demasiado. No me importa que maldiga y explote, y qué demonios y dónde demonios y quién demonios...

HIGGINS. ¡De verdad! Mrs. Pearce: ¡este lenguaje saliendo de sus labios!

MRS. PEARCE. [Para no desanimarse]. ... pero hay cierta palabra que debo pedirle que no utilice. La muchacha acaba de utilizarla ella misma porque el baño estaba demasiado caliente. Empieza por la misma letra que la mampara del baño. Ella no sabe nada mejor: la aprendió de las rodillas de su madre. Pero no debe oírla de sus labios.

HIGGINS. [Con altivez]. No puedo acusarme de haberla pronunciado nunca, Mrs. Pearce. [Ella le mira fijamente. Él añade, ocultando una conciencia intranquila con aire judicial]. Excepto quizás en un momento de extrema y justificada excitación.

MRS. PEARCE. Tan sólo esta mañana, señor, la aplicó a sus mocasines, a la manteca y a las medialunas.

HIGGINS. ¡Oh, eso! Mera aliteración, Mrs. Pearce, natural en un poeta.

MRS. PEARCE. Bueno, señor, como quiera llamarlo, le ruego que no deje que la muchacha le oiga repetirlo.

HIGGINS. Oh, muy bien, muy bien. ¿Eso es todo?

MRS. PEARCE. No, sir. We shall have to be very particular with this girl as to personal cleanliness.

HIGGINS. Certainly. Quite right. Most important.

MRS. PEARCE. I mean not to be slovenly about her dress or untidy in leaving things about.

HIGGINS. [going to her solemnly] Just so. I intended to call your attention to that [He passes on to Pickering, who is enjoying the conversation immensely]. It is these little things that matter, Pickering. Take care of the pence and the pounds will take care of themselves is as true of personal habits as of money. [He comes to anchor on the hearthrug, with the air of a man in an unassailable position].

MRS. PEARCE. Yes, sir. Then might I ask you not to come down to breakfast in your dressing-gown, or at any rate not to use it as a napkin to the extent you do, sir. And if you would be so good as not to eat everything off the same plate, and to remember not to put the porridge saucepan out of your hand on the clean tablecloth, it would be a better example to the girl. You know you nearly choked yourself with a fishbone in the jam only last week.

HIGGINS. [routed from the hearthrug and drifting back to the piano] I may do these things sometimes in absence of mind; but surely I don't do them habitually. [Angrily] By the way: my dressing-gown smells most damnably of benzine.

MRS. PEARCE. No doubt it does, Mr. Higgins. But if you will wipe your fingers—

HIGGINS. [yelling] Oh very well, very well: I'll wipe them in my hair in future.

MRS. PEARCE. I hope you're not offended, Mr. Higgins.

HIGGINS. [shocked at finding himself thought capable of an unamiable sentiment] Not at all, not at all. You're quite right, Mrs. Pearce: I shall be particularly careful before the girl. Is that all?

MRS. PEARCE. No, señor. Tendremos que ser muy cuidadosos con esta muchacha en cuanto al aseo personal.

HIGGINS. Desde luego. Muy cierto. Eso es lo más importante.

MRS. PEARCE. Me refiero a que usted no sea desaliñado en el vestir ni desordenado, dejando las cosas por ahí.

HIGGINS. [Se dirige a ella solemnemente]. Así es. Pretendía llamar su atención sobre eso. [Pasa a hablar a Pickering, que está disfrutando enormemente de la conversación]. Son estas pequeñas cosas las que importan, Pickering. Cuida los peniques y las libras se cuidarán solas es tan cierto de los hábitos personales como del dinero. [Se detiene en la chimenea, con el aire de un hombre en una posición inexpugnable].

MRS. PEARCE. Sí, señor. Entonces podría pedirle que no baje a desayunar en bata, o en todo caso que no la utilice como servilleta de la manera que lo hace, señor. Y si fuera tan amable de no comer todo del mismo plato, y de acordarse de no poner el cazo de las gachas de su mano sobre el mantel limpio, sería un mejor ejemplo para la muchacha. Usted sabe que estuvo a punto de atragantarse con una espina de pescado en la mermelada la semana pasada.

HIGGINS. [Se aleja de la chimenea y vuelve al piano]. Puede que haga estas cosas a veces cuando tengo la mente ausente; pero seguro que no las hago habitualmente. [Enfadado]. Por cierto: mi bata huele condenadamente a bencina.

MRS. PEARCE. Sin duda, Mr. Higgins. Pero si se limpia los dedos...

HIGGINS. [Gritando]. Oh muy bien, muy bien: me los limpiaré en el pelo en el futuro.

MRS. PEARCE. Espero que no se ofenda, Mr. Higgins.

HIGGINS. [Conmocionado al verse capaz de un sentimiento poco amistoso]. En absoluto, en absoluto. Tiene toda la razón, Mrs. Pearce: tendré especial cuidado ante la muchacha. ¿Eso es todo?

MRS. PEARCE. No, sir. Might she use some of those Japanese dresses you brought from abroad? I really can't put her back into her old things.

HIGGINS. Certainly. Anything you like. Is that all?

MRS. PEARCE. Thank you, sir. That's all. [She goes out].

HIGGINS. You know, Pickering, that woman has the most extraordinary ideas about me. Here I am, a shy, diffident sort of man. I've never been able to feel really grown-up and tremendous, like other chaps. And yet she's firmly persuaded that I'm an arbitrary overbearing bossing kind of person. I can't account for it.

Mrs. Pearce returns.

MRS. PEARCE. If you please, sir, the trouble's beginning already. There's a dustman downstairs, Alfred Doolittle, wants to see you. He says you have his daughter here.

PICKERING. [rising] Phew! I say! [He retreats to the hearthrug].

HIGGINS. [promptly] Send the blackguard up.

MRS. PEARCE. Oh, very well, sir. [She goes out].

PICKERING. He may not be a blackguard, Higgins.

HIGGINS. Nonsense. Of course he's a blackguard.

PICKERING. Whether he is or not, I'm afraid we shall have some trouble with him.

HIGGINS. [confidently] Oh no: I think not. If there's any trouble he shall have it with me, not I with him. And we are sure to get something interesting out of him.

PICKERING. About the girl?

HIGGINS. No. I mean his dialect.

MRS. PEARCE. No, señor. ¿Podría usar alguno de esos vestidos japoneses que trajo del extranjero? Realmente no puedo volver a ponerla en sus viejas cosas.

HIGGINS. Desde luego. Lo que usted quiera. ¿Eso es todo?

MRS. PEARCE. Gracias, señor. Eso es todo. [Sale].

HIGGINS. Sabe, Pickering, esa mujer tiene las ideas más extraordinarias sobre mí. Aquí estoy yo, un tipo tímido y apocado. Nunca he sido capaz de sentirme realmente grande e imponente, como otros tipos. Y sin embargo, ella está firmemente persuadida de que soy una especie de mandón arbitrario. No puedo explicarlo.

Vuelve Mrs. Pearce.

MRS. PEARCE. Si me disculpa, señor, los problemas ya han empezado. Hay un basurero abajo, Alfred Doolittle, quiere verle. Dice que usted tiene a su hija aquí.

PICKERING. [Levantándose]. ¡Uf! ¡Vaya! [Se retira a la chimenea].

HIGGINS. [Con prontitud]. Que suba el canalla.

MRS. PEARCE. Oh, muy bien, señor. [Sale].

PICKERING. Puede que no sea un canalla, Higgins.

HIGGINS. Tonterías. Claro que es un canalla.

PICKERING. Lo sea o no, me temo que tendremos problemas con él.

HIGGINS. [Con confianza]. Oh no: creo que no. Si hay algún problema él lo tendrá conmigo, no yo con él. Y seguro que sacamos algo interesante de él.

PICKERING. ¿Acerca de la muchacha?

HIGGINS. No. Me refiero a su dialecto.

PICKERING. Oh!

MRS. PEARCE. [at the door] Doolittle, sir. [She admits Doolittle and retires].

Alfred Doolittle is an elderly but vigorous dustman, clad in the costume of his profession, including a hat with a back brim covering his neck and shoulders. He has well marked and rather interesting features, and seems equally free from fear and conscience. He has a remarkably expressive voice, the result of a habit of giving vent to his feelings without reserve. His present pose is that of wounded honor and stern resolution.

DOOLITTLE. [at the door, uncertain which of the two gentlemen is his man] Professor Higgins?

HIGGINS. Here. Good morning. Sit down.

DOOLITTLE. Morning, Governor. [He sits down magisterially] I come about a very serious matter, Governor.

HIGGINS. [to Pickering] Brought up in Hounslow. Mother Welsh, I should think. [Doolittle opens his mouth, amazed. Higgins continues] What do you want, Doolittle?

DOOLITTLE. [menacingly] I want my daughter: that's what I want. See?

HIGGINS. Of course you do. You're her father, aren't you? You don't suppose anyone else wants her, do you? I'm glad to see you have some spark of family feeling left. She's upstairs. Take her away at once.

DOOLITTLE. [rising, fearfully taken aback] What!

HIGGINS. Take her away. Do you suppose I'm going to keep your daughter for you?

DOOLITTLE. [remonstrating] Now, now, look here, Governor. Is this reasonable? Is it fair to take advantage of a man like this? The

PICKERING. ¡Oh!

MRS. PEARCE. [En la puerta]. Doolittle, señor. [Admite a Doolittle y se retira].

Alfred Doolittle es un viejo pero vigoroso basurero, ataviado con el traje de su profesión, que incluye un sombrero de ala trasera que le cubre el cuello y los hombros. Tiene unos rasgos bien marcados y bastante interesantes, y parece igualmente libre de miedo y de conciencia. Tiene una voz notablemente expresiva, fruto del hábito de dar rienda suelta a sus sentimientos sin reservas. Su pose actual es la del honor herido y la resolución severa.

DOOLITTLE. [En la puerta, sin saber cuál de los dos caballeros es el que busca]. ¿Profesor Higgins?

HIGGINS. Aquí. Buenos días. Siéntese.

DOOLITTLE. Buenos días, Gobernador. [Se sienta magistralmente]. Vengo por un asunto muy serio, Gobernador.

HIGGINS. [A Pickering]. Criado en Hounslow. Madre galesa, creo. [Doolittle abre la boca, asombrado. Higgins continúa]. ¿Qué quiere, Doolittle?

DOOLITTLE. [Amenazadoramente]. Quiero a mi hija: eso es lo que quiero. ¿Lo ve?

HIGGINS. Por supuesto que sí. Usted es su padre, ¿no? No cree que nadie más la quiera, ¿verdad? Me alegra ver que le queda alguna chispa de sentimiento familiar. Ella está arriba. Llévesela de inmediato.

DOOLITTLE. [Levantándose, temerosamente sorprendido]. ¡Qué!

HIGGINS. Llévesela. ¿Cree que voy a quedarme con su hija?

DOOLITTLE. [Protestando]. Ahora, ahora, mire aquí, Gobernador. ¿Es esto razonable? ¿Es justo aprovecharse así de un hombre? La muchacha

girl belongs to me. You got her. Where do I come in? [He sits down again].

HIGGINS. Your daughter had the audacity to come to my house and ask me to teach her how to speak properly so that she could get a place in a flower-shop. This gentleman and my housekeeper have been here all the time. [Bullying him] How dare you come here and attempt to blackmail me? You sent her here on purpose.

DOOLITTLE. [protesting] No, Governor.

HIGGINS. You must have. How else could you possibly know that she is here?

DOOLITTLE. Don't take a man up like that, Governor.

HIGGINS. The police shall take you up. This is a plant—a plot to extort money by threats. I shall telephone for the police [he goes resolutely to the telephone and opens the directory].

DOOLITTLE. Have I asked you for a brass farthing? I leave it to the gentleman here: have I said a word about money?

HIGGINS. [throwing the book aside and marching down on Doolittle with a poser] What else did you come for?

DOOLITTLE. [sweetly] Well, what would a man come for? Be human, governor.

HIGGINS. [disarmed] Alfred: did you put her up to it?

DOOLITTLE. So help me, Governor, I never did. I take my Bible oath I ain't seen the girl these two months past.

HIGGINS. Then how did you know she was here?

DOOLITTLE. ["most musical, most melancholy"] I'll tell you, Governor, if you'll only let me get a word in. I'm willing to tell you. I'm wanting to tell you. I'm waiting to tell you.

me pertenece. Usted la tiene. ¿Qué hay para mí? [Se sienta de nuevo].

HIGGINS. Su hija tuvo la osadía de venir a mi casa y pedirme que le enseñara a hablar correctamente para poder conseguir un puesto en una floristería. Este caballero y mi ama de llaves han estado aquí todo el tiempo. [Acosándolo]. ¿Cómo se atreve a venir aquí e intentar chantajearme? Usted la envió aquí a propósito.

DOOLITTLE. [Protestando]. No, Gobernador.

HIGGINS. Seguro que sí. ¿Cómo si no podría saber que está aquí?

DOOLITTLE. No me culpe así, Gobernador.

HIGGINS. La policía le culpará. Esto es un complot para extorsionar mediante amenazas. Llamaré por teléfono a la policía. [Se dirige con decisión al teléfono y abre la guía].

DOOLITTLE. ¿Le he pedido siquiera un cuarto de penique de latón? Que lo diga el caballero aquí presente: ¿he dicho una palabra sobre dinero?

HIGGINS. [Tirando el libro a un lado y marchando hacia Doolittle con una pose]. ¿Y para qué ha venido?

DOOLITTLE. [Dulcemente]. Bueno, ¿para qué vendría un hombre? Sea humano, Gobernador...

HIGGINS. [Desarmado]. Alfred: ¿la ha plantado?

DOOLITTLE. ... así que ayúdeme, Gobernador, nunca lo hice. Juro por la Biblia que no he visto a la muchacha en estos dos meses.

HIGGINS. Entonces, ¿cómo sabía usted que ella estaba aquí?

DOOLITTLE. [«El más musical, el más melancólico»]. Se lo diré, Gobernador, si me deja decir una palabra. Estoy anhelando decírselo. Estoy deseando decírselo. Estoy esperando decírselo.

HIGGINS. Pickering: this chap has a certain natural gift of rhetoric. Observe the rhythm of his native woodnotes wild. "I'm willing to tell you: I'm wanting to tell you: I'm waiting to tell you." Sentimental rhetoric! That's the Welsh strain in him. It also accounts for his mendacity and dishonesty.

PICKERING. Oh, *please*, Higgins: I'm west country myself. [To Doolittle] How did you know the girl was here if you didn't send her?

DOOLITTLE. It was like this, Governor. The girl took a boy in the taxi to give him a jaunt. Son of her landlady, he is. He hung about on the chance of her giving him another ride home. Well, she sent him back for her luggage when she heard you was willing for her to stop here. I met the boy at the corner of Long Acre and Endell Street.

HIGGINS. Public house. Yes?

DOOLITTLE. The poor man's club, Governor: why shouldn't I?

PICKERING. Do let him tell his story, Higgins.

DOOLITTLE. He told me what was up. And I ask you, what was my feelings and my duty as a father? I says to the boy, "You bring me the luggage," I says—

PICKERING. Why didn't you go for it yourself?

DOOLITTLE. Landlady wouldn't have trusted me with it, Governor. She's that kind of woman: you know. I had to give the boy a penny afore he trusted me with it, the little swine. I brought it to her just to oblige you like, and make myself agreeable. That's all.

HIGGINS. How much luggage?

DOOLITTLE. Musical instrument, Governor. A few pictures, a trifle of jewelry, and a bird-cage. She said she didn't want no clothes. What was I to think from that, Governor? I ask you as a parent what was I to think?

HIGGINS. Pickering: este tipo tiene un cierto don natural para la retórica. Observe el ritmo salvaje de sus notas de bosque nativas. «Estoy anhelando decírselo. Estoy deseando decírselo. Estoy esperando decírselo». ¡Retórica sentimental! Esa es la tensión galesa en él. También explica su mendacidad y deshonestidad.

PICKERING. Oh, *por favor*, Higgins: yo también soy del oeste. [A Doolittle]. ¿Cómo sabía que la muchacha estaba aquí si usted no la envió?

DOOLITTLE. Fue así, Gobernador. La muchacha buscó un muchacho con un taxi para darle un paseo. Es hijo de su casera. Se quedó dando vueltas por si ella quería que la llevara de nuevo a casa. Bueno, ella le envió de vuelta a por su equipaje cuando se enteró de que usted estaba dispuesto a que ella parara aquí. Encontré al chico en la esquina de Long Acre y Endell Street.

HIGGINS. En el bar. ¿Sí?

DOOLITTLE. El club de los pobres, Gobernador: ¿por qué no habría de hacerlo?

PICKERING. Deje que cuente su historia, Higgins.

DOOLITTLE. Me dijo lo que sucedía. Y, yo le pregunto, ¿cuáles eran mis sentimientos y mi deber como padre? Le dije al muchacho: «Tráigame el equipaje».

PICKERING. ¿Por qué no fue usted mismo?

DOOLITTLE. La casera no me habría hecho confianza, Gobernador. Es esa clase de mujer, ya sabe. Tuve que darle un penique al muchacho antes de que me lo confiara, el muy cerdo. Se lo traje a ella sólo para complacerle a usted y ser de agrado. Eso es todo.

HIGGINS. ¿Cuánto equipaje?

DOOLITTLE. Un instrumento musical, Gobernador. Unas pocas fotografías, un poco de joyería y una jaula de pájaros. Dijo que no quería ropa. ¿Qué debía pensar de eso, Gobernador? Le pregunto, como padre, ¿qué debía pensar?

HIGGINS. So you came to rescue her from worse than death, eh?

DOOLITTLE. [appreciatively: relieved at being understood] Just so, Governor. That's right.

PICKERING. But why did you bring her luggage if you intended to take her away?

DOOLITTLE. Have I said a word about taking her away? Have I now?

HIGGINS. [determinedly] You're going to take her away, double quick. [He crosses to the hearth and rings the bell].

DOOLITTLE. [rising] No, Governor. Don't say that. I'm not the man to stand in my girl's light. Here's a career opening for her, as you might say; and—

Mrs. Pearce opens the door and awaits orders.

HIGGINS. Mrs. Pearce: this is Eliza's father. He has come to take her away. Give her to him. [He goes back to the piano, with an air of washing his hands of the whole affair].

DOOLITTLE. No. This is a misunderstanding. Listen here—

MRS. PEARCE. He can't take her away, Mr. Higgins: how can he? You told me to burn her clothes.

DOOLITTLE. That's right. I can't carry the girl through the streets like a blooming monkey, can I? I put it to you.

HIGGINS. You have put it to me that you want your daughter. Take your daughter. If she has no clothes go out and buy her some.

DOOLITTLE. [desperate] Where's the clothes she come in? Did I burn them or did your missus here?

MRS. PEARCE. I am the housekeeper, if you please. I have sent for some clothes for your girl. When they come you can take her away. You

HIGGINS. Así que ha venido a rescatarla de algo peor que la muerte, ¿eh?

DOOLITTLE. [Apreciativamente; aliviado al ser comprendido]. Así es, Gobernador. Así es.

PICKERING. Pero, ¿por qué trajo su equipaje si pretendía llevársela?

DOOLITTLE. ¿He dicho una palabra sobre llevármela? ¿Lo he hecho en algún momento?

HIGGINS. [Con determinación]. Se la va a llevar, tan rápido como se pueda. [Cruza hacia el hogar y toca la campanilla].

DOOLITTLE. [Poniéndose de pie]. No, Gobernador. No diga eso. No soy el hombre adecuado para interponerme a la luz de mi muchacha. Aquí se abre una carrera para ella, como se podría decir; y...

Mrs. Pearce abre la puerta y espera órdenes.

HIGGINS. Mrs. Pearce: este es el padre de Eliza. Ha venido a llevársela. Entréguesela. [Vuelve al piano, con aire de lavarse las manos de todo el asunto].

DOOLITTLE. No. Esto es un malentendido. Escuche...

MRS. PEARCE. No puede llevársela, Mr. Higgins; ¿cómo podría? Usted me dijo que quemara su ropa.

DOOLITTLE. Así es. No puedo llevar a la muchacha por las calles como un maldito mono, ¿verdad? Se lo pregunto.

HIGGINS. Me ha dicho que quiere a su hija. Llévese a su hija. Si no tiene ropa salga y cómprele alguna.

DOOLITTLE. [Desesperado]. ¿Dónde está la ropa con la que vino? ¿La ha quemado o lo ha hecho su señora?

MRS. PEARCE. Soy el ama de llaves, por favor. He mandado traer ropa para su muchacha. Cuando lleguen puede llevársela. Puede esperar

can wait in the kitchen. This way, please.

Doolittle, much troubled, accompanies her to the door; then hesitates; finally turns confidentially to Higgins.

DOOLITTLE. Listen here, Governor. You and me is men of the world, ain't we?

HIGGINS. Oh! Men of the world, are we? You'd better go, Mrs. Pearce.

MRS. PEARCE. I think so, indeed, sir. [She goes, with dignity].

PICKERING. The floor is yours, Mr. Doolittle.

DOOLITTLE. [to Pickering] I thank you, Governor. [To Higgins, who takes refuge on the piano bench, a little overwhelmed by the proximity of his visitor; for Doolittle has a professional flavor of dust about him]. Well, the truth is, I've taken a sort of fancy to you, Governor; and if you want the girl, I'm not so set on having her back home again but what I might be open to an arrangement. Regarded in the light of a young woman, she's a fine handsome girl. As a daughter she's not worth her keep; and so I tell you straight. All I ask is my rights as a father; and you're the last man alive to expect me to let her go for nothing; for I can see you're one of the straight sort, Governor. Well, what's a five pound note to you? And what's Eliza to me? [He returns to his chair and sits down judicially].

PICKERING. I think you ought to know, Doolittle, that Mr. Higgins's intentions are entirely honorable.

DOOLITTLE. Course they are, Governor. If I thought they wasn't, I'd ask fifty.

HIGGINS. [revolted] Do you mean to say, you callous rascal, that you would sell your daughter for 50 pounds?

DOOLITTLE. Not in a general way I wouldn't; but to oblige a gentleman like you I'd do a good deal, I do assure you.

en la cocina. Por aquí, por favor.

Doolittle, muy perturbado, la acompaña hasta la puerta; luego duda; finalmente se dirige confidencialmente a Higgins.

DOOLITTLE. Escuche, Gobernador. Usted y yo somos hombres de mundo, ¿no?

HIGGINS. ¡Oh! Hombres de mundo, ¿verdad? Será mejor que se vaya, Mrs. Pearce.

MRS. PEARCE. Creo que sí, señor. [Se va, con dignidad].

PICKERING. Tiene la palabra, Mr. Doolittle.

DOOLITTLE. [A Pickering]. Se lo agradezco, Gobernador. [A Higgins, que se refugia en el banco del piano, un poco abrumado por la proximidad de su visitante; porque Doolittle tiene un aire profesional a polvo]. Bueno, la verdad es que me he encaprichado un poco con usted, Gobernador; y si quiere a la muchacha, no estoy tan decidido a tenerla de vuelta en casa como para no estar abierto a un acuerdo. Considerada desde el punto de vista de una joven, es una muchacha muy guapa. Como hija no vale la pena mantenerla; y eso se lo digo sin rodeos. Todo lo que pido son mis derechos como padre; y usted es el último hombre vivo que esperaría que la dejara ir por nada; porque puedo ver que usted es una persona recta, Gobernador. Bueno, ¿qué es un billete de cinco libras para usted? ¿Y qué es Eliza para mí? [Vuelve a su silla y se sienta juiciosamente].

PICKERING. Creo que debe saber, Doolittle, que las intenciones de Mr. Higgins son totalmente honorables.

DOOLITTLE. Claro que lo son, Gobernador. Si pensara que no lo son, le pediría cincuenta.

HIGGINS. [Asqueado]. ¿Quiere decir, insensible bribón, que vendería a su hija por 50 libras?

DOOLITTLE. No, en general no lo haría; pero para complacer a un caballero como usted haría mucho, se lo aseguro.

PICKERING. Have you no morals, man?

DOOLITTLE. [unabashed] Can't afford them, Governor. Neither could you if you was as poor as me. Not that I mean any harm, you know. But if Liza is going to have a bit out of this, why not me too?

HIGGINS. [troubled] I don't know what to do, Pickering. There can be no question that as a matter of morals it's a positive crime to give this chap a farthing. And yet I feel a sort of rough justice in his claim.

DOOLITTLE. That's it, Governor. That's all I say. A father's heart, as it were.

PICKERING. Well, I know the feeling; but really it seems hardly right—

DOOLITTLE. Don't say that, Governor. Don't look at it that way. What am I, Governors both? I ask you, what am I? I'm one of the undeserving poor: that's what I am. Think of what that means to a man. It means that he's up agen middle class morality all the time. If there's anything going, and I put in for a bit of it, it's always the same story: "You're undeserving; so you can't have it." But my needs is as great as the most deserving widow's that ever got money out of six different charities in one week for the death of the same husband. I don't need less than a deserving man: I need more. I don't eat less hearty than him; and I drink a lot more. I want a bit of amusement, cause I'm a thinking man. I want cheerfulness and a song and a band when I feel low. Well, they charge me just the same for everything as they charge the deserving. What is middle class morality? Just an excuse for never giving me anything. Therefore, I ask you, as two gentlemen, not to play that game on me. I'm playing straight with you. I ain't pretending to be deserving. I'm undeserving; and I mean to go on being undeserving. I like it; and that's the truth. Will you take advantage of a man's nature to do him out of the price of his own daughter what he's brought up and fed and clothed by the sweat of his brow until she's growed big enough to be interesting to you two gentlemen? Is five pounds unreasonable? I put it to you; and I leave it to you.

PICKERING. ¿No tiene moral, hombre?

DOOLITTLE. [Desvergonzado]. No puedo permitírmela, Gobernador. Tampoco podría usted si fuera tan pobre como yo. No es que lo haga con mala intención. Pero si Liza va a tener algo de esto, ¿por qué no yo también?

HIGGINS. [Preocupado]. No sé qué hacer, Pickering. No puede haber duda de que, como cuestión de moral, es un verdadero crimen darle a este tipo siquiera un cuarto de penique. Y sin embargo siento una especie de justicia tosca en su reclamo.

DOOLITTLE. Eso es todo, Gobernador. Eso es todo lo que digo. El corazón de un padre, por así decirlo.

PICKERING. Bueno, entiendo el sentimiento, pero realmente parece poco correcto...

DOOLITTLE. No diga eso, Gobernador. No lo mire así. ¿Qué soy yo, Gobernadores? Les pregunto, ¿qué soy? Soy uno de los pobres que no lo merecen: eso es lo que soy. Piensen en lo que eso significa para un hombre. Significa que está en contra de la moral de la clase media todo el tiempo. Si hay algo que pasa, y pongo un poco de mi parte, siempre es la misma historia: «No lo merece; así que no puede tenerlo». Pero mis necesidades son tan grandes como las de la viuda más merecedora que jamás haya recibido dinero de seis organizaciones benéficas diferentes en una semana por la muerte del mismo marido. No necesito menos que un hombre que se lo merece, al contrario, necesito más. No como menos que él, y bebo mucho más. Quiero un poco de diversión, porque soy un hombre pensante. Quiero alegría, una canción y una banda de música cuando me sienta decaído. Pues bien, me cobran por todo lo mismo que a los que lo merecen. ¿Qué es la moralidad de la clase media? Sólo una excusa para no darme nunca nada. Por lo tanto, les pido, como dos caballeros, que no jueguen a ese juego conmigo. Estoy jugando limpio con ustedes. No pretendo ser alguien que lo merezca. No lo merezco; y pienso que seguirá siendo así. Me gustan esas cosas; y esa es la verdad. ¿Se aprovechará de la naturaleza de un hombre para hacerle pagar con el precio de su propia hija, a la que ha criado y alimentado y vestido con el sudor de su frente hasta que ha crecido lo suficiente como para interesarles a

HIGGINS. [rising, and going over to Pickering] Pickering: if we were to take this man in hand for three months, he could choose between a seat in the Cabinet and a popular pulpit in Wales.

PICKERING. What do you say to that, Doolittle?

DOOLITTLE. Not me, Governor, thank you kindly. I've heard all the preachers and all the prime ministers—for I'm a thinking man and game for politics or religion or social reform same as all the other amusements—and I tell you it's a dog's life anyway you look at it. Undeserving poverty is my line. Taking one station in society with another, it's—it's—well, it's the only one that has any ginger in it, to my taste.

HIGGINS. I suppose we must give him a fiver.

PICKERING. He'll make a bad use of it, I'm afraid.

DOOLITTLE. Not me, Governor, so help me I won't. Don't you be afraid that I'll save it and spare it and live idle on it. There won't be a penny of it left by Monday: I'll have to go to work same as if I'd never had it. It won't pauperize me, you bet. Just one good spree for myself and the missus, giving pleasure to ourselves and employment to others, and satisfaction to you to think it's not been throwed away. You couldn't spend it better.

HIGGINS. [taking out his pocket book and coming between Doolittle and the piano] This is irresistible. Let's give him ten. [He offers two notes to the dustman].

DOOLITTLE. No, Governor. She wouldn't have the heart to spend ten; and perhaps I shouldn't neither. Ten pounds is a lot of money: it makes a man feel prudent like; and then goodbye to happiness. You give me what I ask you, Governor: not a penny more, and not a penny less.

ustedes, caballeros? ¿Cinco libras no es razonable? Se lo planteo; y se lo dejo a ustedes.

HIGGINS. [Se levanta y se acerca a Pickering]. Pickering: si tomáramos a este hombre en nuestras manos durante tres meses, podría elegir entre un puesto en el Gabinete o un púlpito en Gales.

PICKERING. ¿Qué dice a eso, Doolittle?

DOOLITTLE. No yo, Gobernador, gracias por su amabilidad. He oído a todos los predicadores y a todos los primeros ministros —pues soy un hombre pensante y apuesto a la política o a la religión o a la reforma social igual que participo en todas las demás diversiones— y le digo que es una vida de perros se mire como se mire. La pobreza inmerecida es mi dirección. Tomar una posición en la sociedad en vez de otra, es... es... bueno, ésta es la única que tiene algo de jengibre, para mi gusto.

HIGGINS. Supongo que debemos darle cinco libras.

PICKERING. Me temo que le dará un mal uso.

DOOLITTLE. No yo, Gobernador, así que ayúdeme que no lo haré. No tema que lo guarde y lo ahorre y viva ociosamente de ello. No quedará ni un penique para el lunes; tendré que ir a trabajar igual que si nunca las hubiera tenido. No me empobrecerá, ya lo creo. Sólo una buena juerga para mí y la señora, dándonos placer a nosotros mismos y empleo a los demás, y la satisfacción de pensar que no se ha tirado a la basura. No podría gastarlo mejor.

HIGGINS. [Saca su libro de bolsillo y se interpone entre Doolittle y el piano]. Esto es irresistible. Démosle diez. [Ofrece dos billetes al basurero].

DOOLITTLE. No, Gobernador. Ella no tendría coraje para gastar diez; y quizá yo tampoco. Diez libras es mucho dinero: hace que un hombre se sienta prudente; y luego, adiós a la felicidad. Deme lo que le pido, Gobernador: ni un penique más, ni un penique menos.

PICKERING. Why don't you marry that missus of yours? I rather draw the line at encouraging that sort of immorality.

DOOLITTLE. Tell her so, Governor: tell her so. I'm willing. It's me that suffers by it. I've no hold on her. I got to be agreeable to her. I got to give her presents. I got to buy her clothes something sinful. I'm a slave to that woman, Governor, just because I'm not her lawful husband. And she knows it too. Catch her marrying me! Take my advice, Governor: marry Eliza while she's young and don't know no better. If you don't you'll be sorry for it after. If you do, she'll be sorry for it after; but better you than her, because you're a man, and she's only a woman and don't know how to be happy anyhow.

HIGGINS. Pickering: if we listen to this man another minute, we shall have no convictions left. [To Doolittle] Five pounds I think you said.

DOOLITTLE. Thank you kindly, Governor.

HIGGINS. You're sure you won't take ten?

DOOLITTLE. Not now. Another time, Governor.

HIGGINS. [handing him a five-pound note] Here you are.

DOOLITTLE. Thank you, Governor. Good morning.

[He hurries to the door, anxious to get away with his booty. When he opens it he is confronted with a dainty and exquisitely clean young Japanese lady in a simple blue cotton kimono printed cunningly with small white jasmine blossoms. Mrs. Pearce is with her. He gets out of her way deferentially and apologizes]. Beg pardon, miss.

THE JAPANESE LADY. Garn! Don't you know your own daughter?

DOOLITTLE.	{exclaiming	Bly me! it's Eliza!
HIGGINS.	{simul-	What's that! This!

PICKERING. ¿Por qué no se casa con esa señora suya? No me gusta alentar este tipo de inmoralidad.

DOOLITTLE. Dígaselo a ella, Gobernador: dígaselo. Yo estoy dispuesto. Soy yo quien sufre por ello. No tengo ningún control sobre ella. Tengo que ser agradable con ella. Tengo que hacerle regalos. Tengo que comprarle ropa algo pecaminosa. Soy esclavo de esa mujer, Gobernador, sólo porque no soy su legítimo esposo. Y ella bien que lo sabe. ¡Atrápenla casándose conmigo! Acepte mi consejo, Gobernador: cásese con Eliza mientras sea joven y no conozca nada mejor. Si no lo hace, lo lamentará después. Si lo hace, ella lo lamentará después; pero mejor usted que ella, porque usted es un hombre, y ella es sólo una mujer y no sabe cómo ser feliz de todos modos.

HIGGINS. Pickering, si escuchamos a este hombre un minuto más, no nos quedarán convicciones. [A Doolittle]. Cinco libras creo que dijo.

DOOLITTLE. Muchas gracias, Gobernador.

HIGGINS. ¿Está seguro de que no aceptará diez?

DOOLITTLE. No ahora. En otro momento, Gobernador.

HIGGINS. [Le entrega un billete de cinco libras]. Aquí tiene.

DOOLITTLE. Gracias, Gobernador. Buenos días.

[Se dirige con prisa hacia la puerta, ansioso por huir con su botín. Cuando la abre se encuentra con una joven japonesa delicada y exquisitamente limpia, vestida con un sencillo kimono azul de algodón estampado discretamente con pequeñas flores blancas de jazmín. Mrs. Pearce está con ella. Él se aparta de ella con deferencia y se disculpa]. Disculpe, señorita.

LA DAMA JAPONESA. ¡Increíble! ¿No conoces a tu propia hija?

DOOLITTLE.   {exclamando   ¡Caray! ¡Es Eliza!

HIGGINS   {simul-   ¡Qué es eso! ¡Esto!

PICKERING. {taneously   By Jove!

LIZA. Don't I look silly?

HIGGINS. Silly?

MRS. PEARCE. [at the door] Now, Mr. Higgins, please don't say anything to make the girl conceited about herself.

HIGGINS. [conscientiously] Oh! Quite right, Mrs. Pearce. [To Eliza] Yes: damned silly.

MRS. PEARCE. Please, sir.

HIGGINS. [correcting himself] I mean extremely silly.

LIZA. I should look all right with my hat on. [She takes up her hat; puts it on; and walks across the room to the fireplace with a fashionable air].

HIGGINS. A new fashion, by George! And it ought to look horrible!

DOOLITTLE. [with fatherly pride] Well, I never thought she'd clean up as good looking as that, Governor. She's a credit to me, ain't she?

LIZA. I tell you, it's easy to clean up here. Hot and cold water on tap, just as much as you like, there is. Woolly towels, there is; and a towel horse so hot, it burns your fingers. Soft brushes to scrub yourself, and a wooden bowl of soap smelling like primroses. Now I know why ladies is so clean. Washing's a treat for them. Wish they saw what it is for the like of me!

HIGGINS. I'm glad the bath-room met with your approval.

LIZA. It didn't: not all of it; and I don't care who hears me say it. Mrs. Pearce knows.

HIGGINS. What was wrong, Mrs. Pearce?

MRS. PEARCE. [blandly] Oh, nothing, sir. It doesn't matter.

PICKERING [táneamente   ¡Por Dios!

LIZA. ¿No parezco una tonta?

HIGGINS. ¿Tonta?

MRS. PEARCE. [En la puerta]. Ahora, Mr. Higgins, por favor, no diga nada que haga que la muchacha se envanezca de sí misma.

HIGGINS. [Concienzudamente]. ¡Oh! Tiene toda la razón, Mrs. Pearce. [A Eliza]. Sí, condenadamente tonta.

MRS. PEARCE. Por favor, señor.

HIGGINS. [Corrigiéndose]. Quiero decir extremadamente tonta.

LIZA. Me vería muy bien con el sombrero puesto. [Coge su sombrero, se lo pone y cruza la habitación hacia la chimenea como desfilando].

HIGGINS. ¡Una nueva moda, cielos! ¡Y debe ser horrible!

DOOLITTLE. [Con orgullo paternal]. Bueno, nunca pensé que se pondría tan guapa, Gobernador. Es gracias a mí, ¿verdad?

LIZA. Te digo que es fácil ser limpia aquí. Agua caliente y fría del grifo, toda la que quiera, hay. Toallas de lana, hay; y un secador de toallas tan caliente que quema los dedos. Cepillos suaves para fregarse y un cuenco de madera con jabón que huele a prímulas. Ahora sé por qué las señoras son tan limpias. Lavarse es un placer para ellas. ¡Ojalá vieran lo que es para alguien como yo!

HIGGINS. Me alegro de que el cuarto de baño contara con su aprobación.

LIZA. No fue así: no del todo; y no me importa quién me oiga decirlo. Mrs. Pearce lo sabe.

HIGGINS. ¿Qué sucedió, Mrs. Pearce?

MRS. PEARCE. [Suavemente]. Oh, nada, señor. No tiene importancia.

LIZA. I had a good mind to break it. I didn't know which way to look. But I hung a towel over it, I did.

HIGGINS. Over what?

MRS. PEARCE. Over the looking-glass, sir.

HIGGINS. Doolittle: you have brought your daughter up too strictly.

DOOLITTLE. Me! I never brought her up at all, except to give her a lick of a strap now and again. Don't put it on me, Governor. She ain't accustomed to it, you see: that's all. But she'll soon pick up your free-and-easy ways.

LIZA. I'm a good girl, I am; and I won't pick up no free and easy ways.

HIGGINS. Eliza: if you say again that you're a good girl, your father shall take you home.

LIZA. Not him. You don't know my father. All he come here for was to touch you for some money to get drunk on.

DOOLITTLE. Well, what else would I want money for? To put into the plate in church, I suppose. [She puts out her tongue at him. He is so incensed by this that Pickering presently finds it necessary to step between them]. Don't you give me none of your lip; and don't let me hear you giving this gentleman any of it neither, or you'll hear from me about it. See?

HIGGINS. Have you any further advice to give her before you go, Doolittle? Your blessing, for instance.

DOOLITTLE. No, Governor: I ain't such a mug as to put up my children to all I know myself. Hard enough to hold them in without that. If you want Eliza's mind improved, Governor, you do it yourself with a strap. So long, gentlemen. [He turns to go].

HIGGINS. [impressively] Stop. You'll come regularly to see your daugh-

LIZA. Tenía muchas ganas de romperlo. No sabía por dónde mirar. Pero colgué una toalla encima, eso hice.

HIGGINS. ¿Sobre qué?

MRS. PEARCE. Sobre el espejo, señor.

HIGGINS. Doolittle, ha educado a su hija de forma demasiado estricta.

DOOLITTLE. ¡Yo! Nunca la crié para nada, excepto para darle un golpe con el cinto de vez en cuando. No me lo eche en cara, Gobernador. No está acostumbrada, ya ve, eso es todo. Pero pronto adoptará sus maneras libres y desenfadadas.

LIZA. Soy una buena muchacha, lo soy; y no elegiré caminos fáciles y sin escollos.

HIGGINS. Eliza, si vuelve a decir que es una buena muchacha, su padre la llevará a casa.

LIZA. No a él. No conoce a mi padre. Sólo ha venido a visitarle para conseguir dinero con el que emborracharse.

DOOLITTLE. ¿Para qué más querría dinero? Para echar en la colecta en la iglesia, supongo. [Ella le saca la lengua. Él está tan indignado por esto que Pickering se ve en la necesidad de interponerse entre ellos]. No quiero ver tu lengua para nada; y que no escuche que le sacas la lengua a a este caballero tampoco, o tendrás noticias mías al respecto. ¿Entiendes?

HIGGINS. ¿Tiene algún otro consejo que darle antes de irse, Doolittle? Su bendición, por ejemplo.

DOOLITTLE. No, Gobernador, no soy tan estúpido como para exponer a mis hijos a todo lo que yo mismo sé. Ya es bastante difícil retenerlos sin eso. Si quiere mejorar la mente de Eliza, Gobernador, hágalo usted mismo con un cinto. Hasta luego, caballeros. [Se da la vuelta para irse].

HIGGINS. [Formidable]. Basta. Usted vendrá regularmente a ver a su hija.

ter. It's your duty, you know. My brother is a clergyman; and he could help you in your talks with her.

DOOLITTLE. [evasively] Certainly. I'll come, Governor. Not just this week, because I have a job at a distance. But later on you may depend on me. Afternoon, gentlemen. Afternoon, ma'am. [He takes off his hat to Mrs. Pearce, who disdains the salutation and goes out. He winks at Higgins, thinking him probably a fellow sufferer from Mrs. Pearce's difficult disposition, and follows her].

LIZA. Don't you believe the old liar. He'd as soon you set a bull-dog on him as a clergyman. You won't see him again in a hurry.

HIGGINS. I don't want to, Eliza. Do you?

LIZA. Not me. I don't want never to see him again, I don't. He's a disgrace to me, he is, collecting dust, instead of working at his trade.

PICKERING. What is his trade, Eliza?

LIZA. Talking money out of other people's pockets into his own. His proper trade's a navvy; and he works at it sometimes too—for exercise—and earns good money at it. Ain't you going to call me Miss Doolittle any more?

PICKERING. I beg your pardon, Miss Doolittle. It was a slip of the tongue.

LIZA. Oh, I don't mind; only it sounded so genteel. I should just like to take a taxi to the corner of Tottenham Court Road and get out there and tell it to wait for me, just to put the girls in their place a bit. I wouldn't speak to them, you know.

PICKERING. Better wait til we get you something really fashionable.

HIGGINS. Besides, you shouldn't cut your old friends now that you have risen in the world. That's what we call snobbery.

LIZA. You don't call the like of them my friends now, I should hope. They've took it out of me often enough with their ridicule when

Es su deber, lo sabe. Mi hermano es clérigo y podría ayudarle en sus conversaciones con ella.

DOOLITTLE. [Evasivamente]. Ciertamente. Vendré, Gobernador. Sólo que no esta semana, porque tengo un trabajo a cierta distancia. Pero más adelante puede contar conmigo. Buenas tardes, caballeros. Buenas tardes, señora. [Se quita el sombrero ante Mrs. Pearce, que desdeña el saludo y sale. Él le guiña un ojo a Higgins, pensando que probablemente es un compañero que sufre el difícil carácter de Mrs. Pearce, y la sigue].

LIZA. No crea al viejo mentiroso. Le daría igual que le echara encima un bull-dog que un clérigo. No volverá a verle ni siquiera corriendo.

HIGGINS. Ni quiero, Eliza. ¿Quiere usted?

LIZA. Yo no. No quiero volver a verle, no quiero. Es una desgracia para mí, lo es, barriendo polvo, en lugar de trabajar en su oficio.

PICKERING. ¿Cuál es su oficio, Eliza?

LIZA. Sacar dinero de los bolsillos de los demás para llevarlo al suyo. Su verdadero oficio es el de marinero y a veces también trabaja en ello —para ejercitarse— y gana buen dinero con ello. ¿Ya no me va a llamar Miss Doolittle?

PICKERING. Le pido perdón, Miss Doolittle. Ha sido un lapsus.

LIZA. Oh, no me importa, es sólo que sonaba tan gentil. Me gustaría coger un taxi hasta la esquina de Tottenham Court Road y bajarme allí y decirle que me espere, sólo para poner un poco a las muchachas en su sitio. No hablaría con ellas, ¿sabe?

PICKERING. Mejor espere a que le consigamos algo realmente a la moda.

HIGGINS. Además, no debería cortar con sus viejas amistades ahora que ha ascendido en el mundo. Eso es lo que llamamos esnobismo.

LIZA. Espero que ahora no llame amigos míos a gente como ellos. Ya me han hecho bastante mal, a menudo, con sus burlas cuando han tenido

they had the chance; and now I mean to get a bit of my own back. But if I'm to have fashionable clothes, I'll wait. I should like to have some. Mrs. Pearce says you're going to give me some to wear in bed at night different to what I wear in the daytime; but it do seem a waste of money when you could get something to show. Besides, I never could fancy changing into cold things on a winter night.

MRS. PEARCE. [coming back] Now, Eliza. The new things have come for you to try on.

LIZA. Ah—ow—oo—ooh! [She rushes out].

MRS. PEARCE. [following her] Oh, don't rush about like that, girl [She shuts the door behind her].

HIGGINS. Pickering: we have taken on a stiff job.

PICKERING. [with conviction] Higgins: we have.

ocasión, y ahora pretendo recuperar un poco de lo mío. Pero si voy a tener ropa a la moda, esperaré. Me gustaría tener alguna. Mrs. Pearce dice que me va a dar algo para ponerme en la cama por la noche diferente de lo que llevo por el día; pero me parece un derroche de dinero cuando simplemente podría conseguir algo para lucir. Además, nunca me ha apetecido ponerme cosas frías en una noche de invierno.

MRS. PEARCE. [Volviéndose]. Atención, Eliza. Han llegado las cosas nuevas para que se las pruebes.

LIZA. ¡Ah-o-oo-ooh! [Sale corriendo].

MRS. PEARCE. [Siguiéndola]. Oh, no se de prisa así, muchacha. [Cierra la puerta tras de sí].

HIGGINS. Pickering, hemos asumido un duro trabajo.

PICKERING. [Con convicción]. Higgins, sí que lo hemos hecho.

ACT III

It is Mrs. Higgins's at-home day. Nobody has yet arrived. Her drawing-room, in a flat on Chelsea embankment, has three windows looking on the river; and the ceiling is not so lofty as it would be in an older house of the same pretension. The windows are open, giving access to a balcony with flowers in pots. If you stand with your face to the windows, you have the fireplace on your left and the door in the right-hand wall close to the corner nearest the windows.

Mrs. Higgins was brought up on Morris and Burne Jones; and her room, which is very unlike her son's room in Wimpole Street, is not crowded with furniture and little tables and nicknacks. In the middle of the room there is a big ottoman; and this, with the carpet, the Morris wall-papers, and the Morris chintz window curtains and brocade covers of the ottoman and its cushions, supply all the ornament, and are much too handsome to be hidden by odds and ends of useless things. A few good oil-paintings from the exhibitions in the Grosvenor Gallery thirty years ago (the Burne Jones, not the Whistler side of them) are on the walls. The only landscape is a Cecil Lawson on the scale of a Rubens. There is a portrait of Mrs. Higgins as she was when she defied fashion in her youth in one of the beautiful Rossettian costumes which, when caricatured by people who did not understand, led to the absurdities of popular estheticism in the eighteen-seventies.

In the corner diagonally opposite the door Mrs. Higgins, now over sixty and long past taking the trouble to dress out of the fashion, sits writing at an elegantly simple writing-table with a bell button within reach of her hand. There is a Chippendale chair further back in the room between her and the window nearest her side. At the other side of the room, further forward, is an Elizabethan chair roughly carved in the taste of Inigo Jones. On the same side a piano in a decorated case. The corner between the fireplace and the window is occupied by a divan cushioned in Morris chintz.

It is between four and five in the afternoon.

The door is opened violently; and Higgins enters with his hat on.

ACTO III

Es el día en el que Mrs. Higgins recibe visitas en su casa. Aún no ha llegado nadie. Su salón, en un piso en la costa en Chelsea, tiene tres ventanas que dan al río; y el techo no es tan alto como lo sería en una casa más antigua con las mismas pretensiones. Las ventanas están abiertas, lo que da acceso a un balcón con flores en macetas. Si uno se coloca de cara a las ventanas, tiene la chimenea a su izquierda y la puerta en la pared de la derecha, cerca de la esquina más cercana a las ventanas.

Mrs. Higgins se crió con Morris y Burne Jones; y su habitación, que es muy distinta a la de su hijo en Wimpole Street, no está abarrotada de muebles y mesitas y chucherías. En el centro de la habitación hay una gran otomana; y ésta, con la alfombra, los papeles pintados de Morris y las cortinas de las ventanas de cretona de Morris y las fundas de brocado de la otomana y sus cojines, aportan todo el ornamento, y son demasiado bonitas para ocultarlas con cachivaches de cosas inútiles. En las paredes hay algunos buenos óleos de las exposiciones de la Galería Grosvenor de hace treinta años (los de Burne Jones, no los de Whistler). El único paisaje es un Cecil Lawson a la escala de un Rubens. Hay un retrato de Mrs. Higgins tal y como era cuando desafiaba a la moda en su juventud con uno de los hermosos trajes rossettianos que, al ser caricaturizados por gente que no los entendía, desembocaron en los absurdos del esteticismo popular de los años setenta.

En el rincón diagonalmente opuesto a la puerta, Mrs. Higgins, que ahora tiene más de sesenta años y hace tiempo que no se toma la molestia de vestirse a la moda, está sentada escribiendo en un elegante y sencillo escritorio con un botón para una campanilla al alcance de su mano. Hay una silla Chippendale más atrás en la habitación, entre ella y la ventana más próxima a su lado. Al otro lado de la habitación, más adelante, hay una silla isabelina toscamente tallada al gusto de Íñigo Jones. En el mismo lado un piano con una caja decorada. La esquina entre la chimenea y la ventana está ocupada por un diván acolchado en cretona Morris.

La escena ocurre entre las cuatro y las cinco de la tarde.

La puerta se abre violentamente y entra Higgins con el sombrero

MRS. HIGGINS. [dismayed] Henry [scolding him]! What are you doing here to-day? It is my at home day: you promised not to come. [As he bends to kiss her, she takes his hat off, and presents it to him].

HIGGINS. Oh bother! [He throws the hat down on the table].

MRS. HIGGINS. Go home at once.

HIGGINS. [kissing her] I know, mother. I came on purpose.

MRS. HIGGINS. But you mustn't. I'm serious, Henry. You offend all my friends: they stop coming whenever they meet you.

HIGGINS. Nonsense! I know I have no small talk; but people don't mind. [He sits on the settee].

MRS. HIGGINS. Oh! don't they? Small talk indeed! What about your large talk? Really, dear, you mustn't stay.

HIGGINS. I must. I've a job for you. A phonetic job.

MRS. HIGGINS. No use, dear. I'm sorry; but I can't get round your vowels; and though I like to get pretty postcards in your patent shorthand, I always have to read the copies in ordinary writing you so thoughtfully send me.

HIGGINS. Well, this isn't a phonetic job.

MRS. HIGGINS. You said it was.

HIGGINS. Not your part of it. I've picked up a girl.

MRS. HIGGINS. Does that mean that some girl has picked you up?

HIGGINS. Not at all. I don't mean a love affair.

MRS. HIGGINS. What a pity!

puesto.

MRS. HIGGINS. [Consternada]. ¡Henry! [Regañándole]. ¿Qué haces hoy aquí? Es mi día para recibir visitas; prometiste no venir. [Cuando él se inclina para besarla, ella le quita el sombrero y se lo da].

HIGGINS. ¡Oh, qué fastidio! [Arroja el sombrero sobre la mesa].

MRS. HIGGINS. Vete a tu casa enseguida.

HIGGINS. [Besándola]. Lo sé, madre. He venido a propósito.

MRS. HIGGINS. Pero no debes. Hablo en serio, Henry. Ofendes a todos mis amigos: dejan de venir cada vez que se encuentran contigo.

HIGGINS. ¡Tonterías! Sé que no tengo aptitud para los temas triviales, pero a la gente no le importa. [Se sienta en el sofá].

MRS. HIGGINS. ¿Ah, no? ¡Temas triviales, en efecto! ¿Y para los temas importantes? De verdad, querido, no debes quedarte.

HIGGINS. Debo hacerlo. Tengo un trabajo para ti. Un trabajo fonético.

MRS. HIGGINS. Es inútil, querido. Lo siento, pero no puedo arreglármelas con tus vocales; y aunque me gusta recibir bonitas postales en tu taquigrafía patentada, siempre tengo que leer las copias en escritura ordinaria que tan atentamente me envías.

HIGGINS. Bueno, este no es un trabajo fonético.

MRS. HIGGINS. Tú dijiste.

HIGGINS. Esa no es tu parte. He recogido a una muchacha.

MRS. HIGGINS. ¿Significa eso que alguna muchacha te ha recogido?

HIGGINS. En absoluto. No me refiero a una relación amorosa.

MRS. HIGGINS. ¡Qué lástima!

HIGGINS. Why?

MRS. HIGGINS. Well, you never fall in love with anyone under forty-five. When will you discover that there are some rather nice-looking young women about?

HIGGINS. Oh, I can't be bothered with young women. My idea of a loveable woman is something as like you as possible. I shall never get into the way of seriously liking young women: some habits lie too deep to be changed. [Rising abruptly and walking about, jingling his money and his keys in his trouser pockets] Besides, they're all idiots.

MRS. HIGGINS. Do you know what you would do if you really loved me, Henry?

HIGGINS. Oh bother! What? Marry, I suppose?

MRS. HIGGINS. No. Stop fidgeting and take your hands out of your pockets. [With a gesture of despair, he obeys and sits down again]. That's a good boy. Now tell me about the girl.

HIGGINS. She's coming to see you.

MRS. HIGGINS. I don't remember asking her.

HIGGINS. You didn't. I asked her. If you'd known her you wouldn't have asked her.

MRS. HIGGINS. Indeed! Why?

HIGGINS. Well, it's like this. She's a common flower girl. I picked her off the kerbstone.

MRS. HIGGINS. And invited her to my at-home!

HIGGINS. [rising and coming to her to coax her] Oh, that'll be all right. I've taught her to speak properly; and she has strict orders as to her behavior. She's to keep to two subjects: the weather and everybody's health—Fine day and How do you do, you know—and not to

HIGGINS. ¿Por qué?

MRS. HIGGINS. Bueno, nunca te enamoras de nadie menor de cuarenta y cinco años. ¿Cuándo descubrirás que hay algunas jóvenes bastante guapas por allí?

HIGGINS. Oh, no puedo ocuparme de las mujeres jóvenes. Mi idea de una mujer adorable es algo tan parecido a ti como sea posible. Nunca conseguiré que me gusten en serio las mujeres jóvenes, algunos hábitos son demasiado profundos como para cambiarlos. [Se levanta bruscamente y camina de un lado a otro, haciendo tintinear su dinero y sus llaves en los bolsillos del pantalón]. Además, son todas idiotas.

MRS. HIGGINS. ¿Sabes lo que harías si me quisieras de verdad, Henry?

HIGGINS. ¡Oh, qué fastidio! ¿Qué? ¿Casarme, supongo?

MRS. HIGGINS. No. Dejar de estar inquieto y sacarte las manos de los bolsillos. [Con un gesto de desesperación, él obedece y vuelve a sentarse]. Buen chico. Ahora háblame de la muchacha.

HIGGINS. Va a venir a verte.

MRS. HIGGINS. No recuerdo haberla invitado.

HIGGINS. No lo hiciste. Yo se lo pedí. Si la hubieras conocido no le habrías preguntado.

MRS. HIGGINS. ¡Claro que sí! ¿Por qué?

HIGGINS. Bueno, es así. Es una florista común. La recogí del bordillo.

MRS. HIGGINS. ¡Y la invitaste a una fiesta en mi casa!

HIGGINS. [Levantándose y acercándose a ella para convencerla]. Oh, no pasa nada. Le he enseñado a hablar correctamente, y tiene órdenes estrictas en cuanto a su comportamiento. Debe ceñirse a dos temas: el tiempo y la salud de todos —buen día y qué tal, ya sabes— y no per-

let herself go on things in general. That will be safe.

MRS. HIGGINS. Safe! To talk about our health! about our insides! perhaps about our outsides! How could you be so silly, Henry?

HIGGINS. [impatiently] Well, she must talk about something. [He controls himself and sits down again]. Oh, she'll be all right: don't you fuss. Pickering is in it with me. I've a sort of bet on that I'll pass her off as a duchess in six months. I started on her some months ago; and she's getting on like a house on fire. I shall win my bet. She has a quick ear; and she's been easier to teach than my middle-class pupils because she's had to learn a complete new language. She talks English almost as you talk French.

MRS. HIGGINS. That's satisfactory, at all events.

HIGGINS. Well, it is and it isn't.

MRS. HIGGINS. What does that mean?

HIGGINS. You see, I've got her pronunciation all right; but you have to consider not only how a girl pronounces, but what she pronounces; and that's where—

They are interrupted by the parlor-maid, announcing guests.

THE PARLOR-MAID. Mrs. and Miss Eynsford Hill. [She withdraws].

HIGGINS. Oh Lord! [He rises; snatches his hat from the table; and makes for the door; but before he reaches it his mother introduces him].

Mrs. and Miss Eynsford Hill are the mother and daughter who sheltered from the rain in Covent Garden. The mother is well bred, quiet, and has the habitual anxiety of straitened means. The daughter has acquired a gay air of being very much at home in society: the bravado of genteel poverty.

MRS. EYNSFORD HILL. [to Mrs. Higgins] How do you do? [They shake hands].

mitirse hablar de cosas en general. Con eso estará segura.

MRS. HIGGINS. ¡Segura! ¡Hablar de nuestra salud! ¡De nuestro interior! ¡Quizá de nuestro exterior! ¿Cómo puedes ser tan tonto, Henry?

HIGGINS. [Impaciente]. Bueno, ella debe hablar de algo. [Se controla y vuelve a sentarse]. Oh, ella estará bien; no te preocupes. Pickering está en ello conmigo. Tengo una especie de apuesta que dice que la haré pasar por una duquesa en seis meses. Empecé con ella hace unos meses; y se está poniendo como una fiera. Ganaré mi apuesta. Tiene un oído rápido, y ha sido más fácil enseñarle que a mis alumnas de clase media porque ha tenido que aprender un idioma completamente nuevo. Habla inglés casi como tú hablas francés.

MRS. HIGGINS. Eso es satisfactorio, en todo caso.

HIGGINS. Bueno, lo es y no lo es.

MRS. HIGGINS. ¿Qué quieres decir?

HIGGINS. Verás, he logrado bien su pronunciación, pero hay que tener en cuenta no sólo cómo pronuncia una muchacha, sino qué pronuncia, y ahí es donde...

Les interrumpe la doncella, anunciando invitados.

LA DONCELLA DE SALÓN. Mrs. y Miss Eynsford Hill. [Se retira].

HIGGINS. ¡Oh, Señor! [Se levanta, coge su sombrero de la mesa y se dirige a la puerta, pero antes de llegar a ella su madre le presenta].

Mrs. y Miss Eynsford Hill son la madre y la hija que se refugiaron de la lluvia en Covent Garden. La madre es bien educada, tranquila y tiene la ansiedad habitual de la gente de medios escasos. La hija ha adquirido un aire alegre de sentirse muy a gusto en sociedad, la bravura de la pobreza gentil.

MRS. EYNSFORD HILL. [A Mrs. Higgins]. ¿Cómo está usted? [Se dan la mano].

MISS EYNSFORD HILL. How d'you do? [She shakes].

MRS. HIGGINS. [introducing] My son Henry.

MRS. EYNSFORD HILL. Your celebrated son! I have so longed to meet you, Professor Higgins.

HIGGINS. [glumly, making no movement in her direction] Delighted. [He backs against the piano and bows brusquely].

MISS EYNSFORD HILL. [going to him with confident familiarity] How do you do?

HIGGINS. [staring at her] I've seen you before somewhere. I haven't the ghost of a notion where; but I've heard your voice. [Drearily] It doesn't matter. You'd better sit down.

MRS. HIGGINS. I'm sorry to say that my celebrated son has no manners. You mustn't mind him.

MISS EYNSFORD HILL. [gaily] I don't. [She sits in the Elizabethan chair].

MRS. EYNSFORD HILL. [a little bewildered] Not at all. [She sits on the ottoman between her daughter and Mrs. Higgins, who has turned her chair away from the writing-table].

HIGGINS. Oh, have I been rude? I didn't mean to be. [He goes to the central window, through which, with his back to the company, he contemplates the river and the flowers in Battersea Park on the opposite bank as if they were a frozen dessert.]

The parlor-maid returns, ushering in Pickering.

THE PARLOR-MAID. Colonel Pickering [She withdraws].

PICKERING. How do you do, Mrs. Higgins?

MRS. HIGGINS. So glad you've come. Do you know Mrs. Eynsford Hill—Miss Eynsford Hill? [Exchange of bows. The Colonel brings the

MISS EYNSFORD HILL. ¿Cómo está usted? [Da la mano].

MRS. HIGGINS. [Presentando]. Mi hijo Henry.

MRS. EYNSFORD HILL. ¡Su célebre hijo! He deseado tanto conocerle, Profesor Higgins.

HIGGINS. [Cabizbajo, sin hacer ningún movimiento en su dirección]. Encantado. [Retrocede contra el piano y se inclina bruscamente].

MISS EYNSFORD HILL. [Se acerca a él con familiaridad y confianza]. ¿Cómo está usted?

HIGGINS. [Mirándola fijamente]. La he visto antes en alguna parte. No tengo ni la más remota idea de dónde; pero he oído su voz. [Lúgubremente]. No importa. Será mejor que se siente.

MRS. HIGGINS. Siento decirles que mi célebre hijo no tiene modales. No deben hacerle caso.

MISS EYNSFORD HILL. [Alegremente]. No hay problema. [Se sienta en la silla isabelina].

MRS. EYNSFORD HILL. [Un poco desconcertada]. En absoluto. [Se sienta en la otomana entre su hija y Mrs. Higgins, que ha apartado su silla de la mesa de escribir].

HIGGINS. Oh, ¿he sido grosero? No pretendía serlo. [Se dirige a la ventana central, a través de la cual, de espaldas a la compañía, contempla el río y las flores de Battersea Park en la orilla opuesta como si fueran un postre helado].

La doncella de salón regresa, haciendo entrar a Pickering.

LA DONCELLA DE SALÓN. Coronel Pickering. [Se retira].

PICKERING. ¿Cómo está usted, Mrs. Higgins?

MRS. HIGGINS. Me alegro de que haya venido. ¿Conoce a Mrs. Eynsford Hill, Miss Eynsford Hill? [Intercambio de reverencias. El Coronel ade-

Chippendale chair a little forward between Mrs. Hill and Mrs. Higgins, and sits down].

PICKERING. Has Henry told you what we've come for?

HIGGINS. [over his shoulder] We were interrupted: damn it!

MRS. HIGGINS. Oh Henry, Henry, really!

MRS. EYNSFORD HILL. [half rising] Are we in the way?

MRS. HIGGINS. [rising and making her sit down again] No, no. You couldn't have come more fortunately: we want you to meet a friend of ours.

HIGGINS. [turning hopefully] Yes, by George! We want two or three people. You'll do as well as anybody else.

The parlor-maid returns, ushering Freddy.

THE PARLOR-MAID. Mr. Eynsford Hill.

HIGGINS. [almost audibly, past endurance] God of Heaven! another of them.

FREDDY. [shaking hands with Mrs. Higgins] Ahdedo?

MRS. HIGGINS. Very good of you to come. [Introducing] Colonel Pickering.

FREDDY. [bowing] Ahdedo?

MRS. HIGGINS. I don't think you know my son, Professor Higgins.

FREDDY. [going to Higgins] Ahdedo?

HIGGINS. [looking at him much as if he were a pickpocket] I'll take my oath I've met you before somewhere. Where was it?

lanta un poco la silla Chippendale entre Mrs. Hill y Mrs. Higgins, y se sienta].

PICKERING. ¿Le ha dicho Henry a qué hemos venido?

HIGGINS. [Por encima del hombro]. Nos interrumpieron, ¡maldita sea!

MRS. HIGGINS. ¡Oh Henry, Henry, de verdad!

MRS. EYNSFORD HILL. [Levantándose a medias] ¿Estamos interrumpiendo algo?

MRS. HIGGINS. [Levantándose y haciéndola sentarse de nuevo]. No, no. No podrían haber venido en mejor momento, queremos que conozcan a una amiga nuestra.

HIGGINS. [Volviéndose, esperanzado]. ¡Sí, cielos! Queremos dos o tres personas. Ustedes son tan útiles como cualesquiera otras.

La doncella de salón regresa, acompañando a Freddy.

LA DONCELLA DE SALÓN. Mr. Eynsford Hill.

HIGGINS. [Casi audiblemente, más allá de su poder de resistencia]. ¡Dios del Cielo! Otro de ellos.

FREDDY. [Estrechando la mano de Mrs. Higgins] ¿Cómo está usted?

MRS. HIGGINS. Muy amable por venir. [Presentando]. Coronel Pickering.

FREDDY. [Inclinándose]. ¿Cómo está usted?

MRS. HIGGINS. Creo que no conoce a mi hijo, Profesor Higgins.

FREDDY. [Dirigiéndose a Higgins] ¿Cómo está usted?

HIGGINS. [Mirándole como si fuera un carterista]. Juro que le he visto antes en alguna parte. ¿Dónde fue?

FREDDY. I don't think so.

HIGGINS. [resignedly] It don't matter, anyhow. Sit down. He shakes Freddy's hand, and almost slings him on the ottoman with his face to the windows; then comes round to the other side of it.

HIGGINS. Well, here we are, anyhow! [He sits down on the ottoman next Mrs. Eynsford Hill, on her left.] And now, what the devil are we going to talk about until Eliza comes?

MRS. HIGGINS. Henry: you are the life and soul of the Royal Society's soirees; but really you're rather trying on more commonplace occasions.

HIGGINS. Am I? Very sorry. [Beaming suddenly] I suppose I am, you know. [Uproariously] Ha, ha!

MISS EYNSFORD HILL. [who considers Higgins quite eligible matrimonially] I sympathize. I haven't any small talk. If people would only be frank and say what they really think!

HIGGINS. [relapsing into gloom] Lord forbid!

MRS. EYNSFORD HILL. [taking up her daughter's cue] But why?

HIGGINS. What they think they ought to think is bad enough, Lord knows; but what they really think would break up the whole show. Do you suppose it would be really agreeable if I were to come out now with what I really think?

MISS EYNSFORD HILL. [gaily] Is it so very cynical?

HIGGINS. Cynical! Who the dickens said it was cynical? I mean it wouldn't be decent.

MRS. EYNSFORD HILL. [seriously] Oh! I'm sure you don't mean that, Mr. Higgins.

HIGGINS. You see, we're all savages, more or less. We're supposed to

FREDDY. No lo creo.

HIGGINS. [Resignadamente]. No importa, de todos modos. Siéntese. Estrecha la mano de Freddy, y casi lo lanza sobre la otomana con la cara hacia las ventanas; luego se acerca al otro lado de la misma.

HIGGINS. Bueno, ¡aquí estamos, de todos modos! [Se sienta en la otomana junto a Mrs. Eynsford Hill, a su izquierda]. Y ahora, ¿de qué demonios vamos a hablar hasta que venga Eliza?

MRS. HIGGINS. Henry, eres la vida y alma de las veladas de la Royal Society pero en realidad eres bastante pesado en ocasiones más corrientes.

HIGGINS. ¿Lo soy? Lo siento mucho. [Radiante de repente]. Supongo que lo soy. [Tronando]. ¡Ja, ja!

MISS EYNSFORD HILL. [Que considera a Higgins bastante elegible matrimonialmente]. Lo comprendo. Yo no puedo mantener ninguna conversación trivial. ¡Si la gente fuera franca y dijera lo que realmente piensa!

HIGGINS. [Recayendo en la melancolía]. ¡Dios nos salve!

MRS. EYNSFORD HILL. [Siguiendo el ejemplo de su hija]. ¿Pero por qué?

HIGGINS. Lo que piensan que deberían pensar ya es bastante malo, Dios lo sabe, pero lo que realmente piensan rompería todo el show. ¿Creen que sería realmente agradable que yo dijera ahora lo que realmente pienso?

MISS EYNSFORD HILL. [Alegremente]. ¿Es tan cínico?

HIGGINS. ¡Cínico! ¿Quién demonios dijo que era cínico? Quiero decir que no sería decente.

MRS. EYNSFORD HILL. [Seriamente]. ¡Oh! Estoy segura de que no quiere decir eso, Mr. Higgins.

HIGGINS. Verá, todos somos salvajes, más o menos. Se supone que so-

be civilized and cultured—to know all about poetry and philosophy and art and science, and so on; but how many of us know even the meanings of these names? [To Miss Hill] What do you know of poetry? [To Mrs. Hill] What do you know of science? [Indicating Freddy] What does he know of art or science or anything else? What the devil do you imagine I know of philosophy?

MRS. HIGGINS. [warningly] Or of manners, Henry?

THE PARLOR-MAID. [opening the door] Miss Doolittle. [She withdraws].

HIGGINS. [rising hastily and running to Mrs. Higgins] Here she is, mother. [He stands on tiptoe and makes signs over his mother's head to Eliza to indicate to her which lady is her hostess].

Eliza, who is exquisitely dressed, produces an impression of such remarkable distinction and beauty as she enters that they all rise, quite flustered. Guided by Higgins's signals, she comes to Mrs. Higgins with studied grace.

LIZA. [speaking with pedantic correctness of pronunciation and great beauty of tone] How do you do, Mrs. Higgins? [She gasps slightly in making sure of the H in Higgins, but is quite successful]. Mr. Higgins told me I might come.

MRS. HIGGINS. [cordially] Quite right: I'm very glad indeed to see you.

PICKERING. How do you do, Miss Doolittle?

LIZA. [shaking hands with him] Colonel Pickering, is it not?

MRS. EYNSFORD HILL. I feel sure we have met before, Miss Doolittle. I remember your eyes.

LIZA. How do you do? [She sits down on the ottoman gracefully in the place just left vacant by Higgins].

MRS. EYNSFORD HILL. [introducing] My daughter Clara.

LIZA. How do you do?

mos civilizados y cultos, que lo sabemos todo sobre poesía y filosofía y arte y ciencia, etc.; pero ¿cuántos de nosotros conocemos siquiera el significado de esas palabras? [A Mrs. Hill] ¿Qué sabe usted de poesía? [A Miss Hill] ¿Qué sabe usted de ciencia? [Indicando a Freddy]. ¿Qué sabe él de arte o de ciencia o de cualquier otra cosa? ¿Qué diablos se imagina que sé yo de filosofía?

MRS. HIGGINS. [En tono de advertencia]. ¿O de modales, Henry?

LA DONCELLA DE SALÓN. [Abriendo la puerta]. Miss Doolittle. [Se retira].

HIGGINS. [Se levanta apresuradamente y corre hacia Mrs. Higgins]. Aquí está ella, madre. [Se pone de puntillas y hace señas por encima de la cabeza de su madre a Eliza para indicarle qué dama es su anfitriona].

Eliza, que está exquisitamente vestida, produce una impresión de tan notable distinción y belleza al entrar que todos se levantan, bastante nerviosos. Guiada por las señales de Higgins, ella se acerca a Mrs. Higgins con estudiada gracia.

LIZA. [Hablando con pedante corrección de pronunciación y gran belleza de tono]. ¿Cómo está usted, Mrs. Higgins? [Jadea ligeramente al asegurarse de la pronunciación de la H en Higgins, pero lo consigue bastante bien]. Mr. Higgins me dijo que podía venir.

MRS. HIGGINS. [Cordialmente]. Exactamente, me alegro mucho de verla.

PICKERING. ¿Cómo está usted, Miss Doolittle?

LIZA. [Estrechándole la mano]. Coronel Pickering, ¿verdad?

MRS. EYNSFORD HILL. Estoy segura de que nos hemos visto antes, Miss Doolittle. Recuerdo sus ojos.

LIZA. ¿Cómo está usted? [Se sienta graciosamente en la otomana en el lugar que acaba de dejar vacante Higgins].

MRS. EYNSFORD HILL. [Presentando]. Mi hija Clara.

LIZA. ¿Cómo está usted?

CLARA. [impulsively] How do you do? [She sits down on the ottoman beside Eliza, devouring her with her eyes].

FREDDY. [coming to their side of the ottoman] I've certainly had the pleasure.

MRS. EYNSFORD HILL. [introducing] My son Freddy.

LIZA. How do you do?

Freddy bows and sits down in the Elizabethan chair, infatuated.

HIGGINS. [suddenly] By George, yes: it all comes back to me! [They stare at him]. Covent Garden! [Lamentably] What a damned thing!

MRS. HIGGINS. Henry, please! [He is about to sit on the edge of the table]. Don't sit on my writing-table: you'll break it.

HIGGINS. [sulkily] Sorry.

He goes to the divan, stumbling into the fender and over the fire-irons on his way; extricating himself with muttered imprecations; and finishing his disastrous journey by throwing himself so impatiently on the divan that he almost breaks it. Mrs. Higgins looks at him, but controls herself and says nothing.

A long and painful pause ensues.

MRS. HIGGINS. [at last, conversationally] Will it rain, do you think?

LIZA. The shallow depression in the west of these islands is likely to move slowly in an easterly direction. There are no indications of any great change in the barometrical situation.

FREDDY. Ha! ha! how awfully funny!

LIZA. What is wrong with that, young man? I bet I got it right.

FREDDY. Killing!

CLARA. [Impulsivamente]. ¿Cómo está usted? [Se sienta en la otomana junto a Eliza, devorándola con la mirada].

FREDDY. [Acercándose a su lado de la otomana]. Estoy seguro de que he tenido el placer.

MRS. EYNSFORD HILL. [Presentando]. Mi hijo Freddy.

LIZA. ¿Cómo está usted?

Freddy se inclina y se sienta en la silla isabelina, encaprichado con ella.

HIGGINS. [De repente]. Cielos, sí: ¡ahora recuerdo todo! [Le miran fijamente]. ¡Covent Garden! [Lamentando]. ¡Qué maldita cosa!

MRS. HIGGINS. ¡Henry, por favor! [Él está a punto de sentarse en el borde del escritorio]. No te sientes sobre mi escritorio, lo romperás.

HIGGINS. [Enfurruñado]. Lo siento.

Se dirige al diván, tropezando en su camino con el guardafuegos y sobre los hierros de la chimenea; se libra con imprecaciones dichas por lo bajo y termina su desastroso viaje arrojándose con tanta impaciencia sobre el diván que casi lo rompe. Mrs. Higgins le mira, pero se controla y no dice nada.

Se produce una larga y dolorosa pausa.

MRS. HIGGINS. [Al final, conversando]. ¿Creen que lloverá?

LIZA. Es probable que la depresión poco profunda situada al oeste de estas islas se desplace lentamente en dirección este. No hay indicios de grandes cambios en la situación barométrica.

FREDDY. ¡Ja! ¡Ja! ¡Qué gracioso!

LIZA. ¿Qué tiene de malo, joven? Seguro que lo he dicho correctamente.

FREDDY. ¡Matador!

MRS. EYNSFORD HILL. I'm sure I hope it won't turn cold. There's so much influenza about. It runs right through our whole family regularly every spring.

LIZA. [darkly] My aunt died of influenza: so they said.

MRS. EYNSFORD HILL. [clicks her tongue sympathetically]!!!

LIZA. [in the same tragic tone] But it's my belief they done the old woman in.

MRS. HIGGINS. [puzzled] Done her in?

LIZA. Y-e-e-e-es, Lord love you! Why should she die of influenza? She come through diphtheria right enough the year before. I saw her with my own eyes. Fairly blue with it, she was. They all thought she was dead; but my father he kept ladling gin down her throat til she came to so sudden that she bit the bowl off the spoon.

MRS. EYNSFORD HILL. [startled] Dear me!

LIZA. [piling up the indictment] What call would a woman with that strength in her have to die of influenza? What become of her new straw hat that should have come to me? Somebody pinched it; and what I say is, them as pinched it done her in.

MRS. EYNSFORD HILL. What does doing her in mean?

HIGGINS. [hastily] Oh, that's the new small talk. To do a person in means to kill them.

MRS. EYNSFORD HILL. [to Eliza, horrified] You surely don't believe that your aunt was killed?

LIZA. Do I not! Them she lived with would have killed her for a hat-pin, let alone a hat.

MRS. EYNSFORD HILL. But it can't have been right for your father to pour spirits down her throat like that. It might have killed her.

MRS. EYNSFORD HILL. Espero que no haga frío. Hay tanta gripe por ahí. Pasa regularmente por toda nuestra familia cada primavera.

LIZA. [Sombríamente]. Mi tía murió de gripe, eso dijeron.

MRS. EYNSFORD HILL. [Chasquea la lengua con simpatía].

LIZA. [En el mismo tono trágico]. Pero creo que acabaron con la anciana.

MRS. HIGGINS. [Desconcertada]. ¿Acabaron?

LIZA. ¡Siiii, alabado sea el Señor! ¿Por qué iba a morir de gripe? Ella superó la difteria bastante bien el año anterior. La vi con mis propios ojos. Estaba bastante azul. Todos pensaron que estaba muerta, pero mi padre siguió echándole ginebra en la garganta hasta que volvió en sí tan repentinamente que mordió el cuenco de la cuchara.

MRS. EYNSFORD HILL. [Sobresaltada]. ¡Querida!

LIZA. [Echando fuego a la acusación]. ¿Qué necesidad tendría una mujer con esa fuerza en ella de morir de gripe? ¿Y qué ha sido de su nuevo sombrero de paja que debería haberme llegado? Alguien se lo quedó; y lo que yo digo es que los que se lo quedaron acabaron con ella.

MRS. EYNSFORD HILL. ¿Qué significa acabar?

HIGGINS. [Apresuradamente]. Oh, es la nueva forma de decir. Acabar con una persona significa matarla.

MRS. EYNSFORD HILL. [A Eliza, horrorizada]. ¿Seguro que no cree que mataron a su tía?

LIZA. ¿Que no? Aquellos con los que vivía la habrían matado por un alfiler de sombrero, por no hablar del sombrero.

MRS. EYNSFORD HILL. Pero no puede haber estado bien que su padre le echara licor por la garganta de esa manera. Podría haberla matado.

LIZA. Not her. Gin was mother's milk to her. Besides, he'd poured so much down his own throat that he knew the good of it.

MRS. EYNSFORD HILL. Do you mean that he drank?

LIZA. Drank! My word! Something chronic.

MRS. EYNSFORD HILL. How dreadful for you!

LIZA. Not a bit. It never did him no harm what I could see. But then he did not keep it up regular. [Cheerfully] On the burst, as you might say, from time to time. And always more agreeable when he had a drop in. When he was out of work, my mother used to give him fourpence and tell him to go out and not come back until he'd drunk himself cheerful and loving-like. There's lots of women has to make their husbands drunk to make them fit to live with. [Now quite at her ease] You see, it's like this. If a man has a bit of a conscience, it always takes him when he's sober; and then it makes him low-spirited. A drop of booze just takes that off and makes him happy. [To Freddy, who is in convulsions of suppressed laughter] Here! what are you sniggering at?

FREDDY. The new small talk. You do it so awfully well.

LIZA. If I was doing it proper, what was you laughing at? [To Higgins] Have I said anything I oughtn't?

MRS. HIGGINS. [interposing] Not at all, Miss Doolittle.

LIZA. Well, that's a mercy, anyhow. [Expansively] What I always say is—

HIGGINS. [rising and looking at his watch] Ahem!

LIZA. [looking round at him; taking the hint; and rising] Well: I must go. [They all rise. Freddy goes to the door]. So pleased to have met you. Good-bye. [She shakes hands with Mrs. Higgins].

MRS. HIGGINS. Good-bye.

LIZA. No a ella. La ginebra era leche materna para ella. Además, había vertido tanto en su propia garganta que sabía lo bueno que era.

MRS. EYNSFORD HILL. ¿Quiere decir que bebía?

LIZA. ¡Bebía! ¡Vaya! Algo crónico.

MRS. EYNSFORD HILL. ¡Qué terrible para usted!

LIZA. Ni un poco. A él nunca le hizo ningún daño por lo que pude ver. Pero no lo mantuvo regularmente. [Alegremente]. Por estallidos, como se podría decir, de vez en cuando. Y estaba siempre más agradable cuando le entraba una gota. Cuando se quedaba sin trabajo, mi madre solía darle cuatro peniques y decirle que saliera y no volviera hasta que se hubiera emborrachado, y volvía alegre y cariñoso. Hay muchas mujeres que tienen que emborrachar a sus maridos para que sean aptos para vivir con ellos. [Ahora bastante confortable]. Verá, es así. Si un hombre piensa un poco, siempre piensa más cuando está sobrio, y entonces le baja el ánimo. Una gota de alcohol se lo quita y le hace feliz. [A Freddy, que está en convulsiones de risa reprimida]. ¡Ahora bien! ¿De qué se ríe?

FREDDY. La nueva charla trivial. Lo hace muy bien.

LIZA. Si lo estaba haciendo bien, ¿de qué se reía? [A Higgins]. ¿He dicho algo que no debía?

MRS. HIGGINS. [Interponiéndose]. En absoluto, Miss Doolittle.

LIZA. Bueno, eso es una bendición, de todos modos. [Explayándose]. Lo que siempre digo es...

HIGGINS. [Levantándose y mirando su reloj]. ¡Ejem!

LIZA. [Mirándole, capta la indirecta, y se levanta]. Bien, debo irme. [Todos se levantan. Freddy se dirige a la puerta]. Encantada de haberle conocido. Adiós. [Le da la mano a Mrs. Higgins].

MRS. HIGGINS. Adiós.

LIZA. Good-bye, Colonel Pickering.

PICKERING. Good-bye, Miss Doolittle. [They shake hands].

LIZA. [nodding to the others] Good-bye, all.

FREDDY. [opening the door for her] Are you walking across the Park, Miss Doolittle? If so—

LIZA. Walk! Not bloody likely. [Sensation]. I am going in a taxi. [She goes out].

Pickering gasps and sits down. Freddy goes out on the balcony to catch another glimpse of Eliza.

MRS. EYNSFORD HILL. [suffering from shock] Well, I really can't get used to the new ways.

CLARA. [throwing herself discontentedly into the Elizabethan chair]. Oh, it's all right, mamma, quite right. People will think we never go anywhere or see anybody if you are so old-fashioned.

MRS. EYNSFORD HILL. I daresay I am very old-fashioned; but I do hope you won't begin using that expression, Clara. I have got accustomed to hear you talking about men as rotters, and calling everything filthy and beastly; though I do think it horrible and unladylike. But this last is really too much. Don't you think so, Colonel Pickering?

PICKERING. Don't ask me. I've been away in India for several years; and manners have changed so much that I sometimes don't know whether I'm at a respectable dinner-table or in a ship's forecastle.

CLARA. It's all a matter of habit. There's no right or wrong in it. Nobody means anything by it. And it's so quaint, and gives such a smart emphasis to things that are not in themselves very witty. I find the new small talk delightful and quite innocent.

MRS. EYNSFORD HILL. [rising] Well, after that, I think it's time for us to go.

LIZA. Adiós, Coronel Pickering.

PICKERING. Adiós, Miss Doolittle. [Se dan la mano].

LIZA. [Asintiendo a los demás]. Adiós a todos.

FREDDY. [Abriéndole la puerta]. ¿Va a ir caminando por el parque, Miss Doolittle? Si es así...

LIZA. ¡Caminar! Ni mierda. [Sensación]. Voy en taxi. [Sale].

Pickering jadea y se sienta. Freddy sale al balcón para echar otro vistazo a Eliza.

MRS. EYNSFORD HILL. [En estado de shock]. Bueno, realmente no puedo acostumbrarme a los nuevos modales.

CLARA. [Arrojándose descontenta en la silla isabelina]. Oh, está bien, mamá, muy bien. La gente pensará que nunca vamos a ninguna parte ni vemos a nadie si eres tan anticuada.

MRS. EYNSFORD HILL. Me atrevería a decir que soy muy anticuada, pero espero que no empieces a utilizar esa expresión, Clara. Me he acostumbrado a oírte hablar de los hombres como podridos, y a llamar a todo sucio y bestial, aunque me parece horrible y poco propio de una dama. Pero esto último es realmente demasiado. ¿No le parece, Coronel Pickering?

PICKERING. No me pregunte a mí. Llevo varios años fuera, en la India, y los modales han cambiado tanto que a veces no sé si estoy en una mesa respetable o en el castillo de proa de un barco.

CLARA. Todo es cuestión de costumbre. No hay nada bueno o malo en ello. Nadie quiere decir nada con ello. Y es tan pintoresco, y da un énfasis tan inteligente a cosas que no son en sí mismas muy ingeniosas. La nueva charla trivial me parece encantadora y bastante inocente.

MRS. EYNSFORD HILL. [Levantándose]. Bueno, después de eso, creo que es hora de que nos vayamos.

Pickering and Higgins rise.

CLARA.[rising] Oh yes: we have three at homes to go to still. Good-bye, Mrs. Higgins. Good-bye, Colonel Pickering. Good-bye, Professor Higgins.

HIGGINS. [coming grimly at her from the divan, and accompanying her to the door] Good-bye. Be sure you try on that small talk at the three at-homes. Don't be nervous about it. Pitch it in strong.

CLARA.[all smiles] I will. Good-bye. Such nonsense, all this early Victorian prudery!

HIGGINS. [tempting her] Such damned nonsense!

CLARA.Such bloody nonsense!

MRS. EYNSFORD HILL. [convulsively] Clara!

CLARA.Ha! ha! [She goes out radiant, conscious of being thoroughly up to date, and is heard descending the stairs in a stream of silvery laughter].

FREDDY. [to the heavens at large] Well, I ask you [He gives it up, and comes to Mrs. Higgins]. Good-bye.

MRS. HIGGINS. [shaking hands] Good-bye. Would you like to meet Miss Doolittle again?

FREDDY. [eagerly] Yes, I should, most awfully.

MRS. HIGGINS. Well, you know my days.

FREDDY. Yes. Thanks awfully. Good-bye. [He goes out].

MRS. EYNSFORD HILL. Good-bye, Mr. Higgins.

HIGGINS. Good-bye. Good-bye.

MRS. EYNSFORD HILL. [to Pickering] It's no use. I shall never be able to

Pickering y Higgins se levantan.

CLARA. [Poniéndose de pie]. Oh sí, tenemos tres visitas que hacer todavía. Adiós, Mrs. Higgins. Adiós, Coronel Pickering. Adiós, Profesor Higgins.

HIGGINS. [Acercándose apesadumbrado a ella desde el diván y acompañándola hasta la puerta]. Adiós. Asegúrese de probar esa charla trivial en las tres visitas. No se ponga nerviosa por ello. Hágalo con énfasis.

CLARA. [Sonríe]. Lo haré. Adiós. ¡Qué tontería, toda esta mojigatería de los primeros victorianos!

HIGGINS. [Tentándola]. ¡Qué maldita tontería!

CLARA. ¡Cuántas tonterías de mierda!

MRS. EYNSFORD HILL. [Convulsivamente]. ¡Clara!

CLARA. ¡Ja! ¡Ja! [Sale radiante, consciente de estar completamente a la moda y se la oye descender las escaleras en un torrente de risas brillantes].

FREDDY. [Hacia el cielo]. Bueno, te lo pido. [Se rinde y se acerca a Mrs. Higgins]. Adiós.

MRS. HIGGINS. [Estrechándole la mano]. Adiós. ¿Le gustaría volver a ver a Miss Doolittle?

FREDDY. [Ansiosamente]. Sí, me encantaría.

MRS. HIGGINS. Bueno, ya conoce los días en que recibo visitas.

FREDDY. Sí. Muchas gracias. Adiós. [Sale].

MRS. EYNSFORD HILL. Adiós, Mr. Higgins.

HIGGINS. Adiós. Adiós.

MRS. EYNSFORD HILL. [A Pickering]. Es inútil. Nunca seré capaz de atre-

bring myself to use that word.

PICKERING. Don't. It's not compulsory, you know. You'll get on quite well without it.

MRS. EYNSFORD HILL. Only, Clara is so down on me if I am not positively reeking with the latest slang. Good-bye.

PICKERING. Good-bye [They shake hands].

MRS. EYNSFORD HILL. [to Mrs. Higgins] You mustn't mind Clara. [Pickering, catching from her lowered tone that this is not meant for him to hear, discreetly joins Higgins at the window]. We're so poor! and she gets so few parties, poor child! She doesn't quite know. [Mrs. Higgins, seeing that her eyes are moist, takes her hand sympathetically and goes with her to the door]. But the boy is nice. Don't you think so?

MRS. HIGGINS. Oh, quite nice. I shall always be delighted to see him.

MRS. EYNSFORD HILL. Thank you, dear. Good-bye. [She goes out].

HIGGINS. [eagerly] Well? Is Eliza presentable [he swoops on his mother and drags her to the ottoman, where she sits down in Eliza's place with her son on her left]?

Pickering returns to his chair on her right.

MRS. HIGGINS. You silly boy, of course she's not presentable. She's a triumph of your art and of her dressmaker's; but if you suppose for a moment that she doesn't give herself away in every sentence she utters, you must be perfectly cracked about her.

PICKERING. But don't you think something might be done? I mean something to eliminate the sanguinary element from her conversation.

MRS. HIGGINS. Not as long as she is in Henry's hands.

HIGGINS. [aggrieved] Do you mean that my language is improper?

verme a usar esa palabra.

PICKERING. No lo haga. No es obligatorio. Se las arreglará bastante bien sin ella.

MRS. EYNSFORD HILL. Sólo que Clara es tan despectiva conmigo si no apruebo la última jerga. Adiós.

PICKERING. Adiós. [Se dan la mano].

MRS. EYNSFORD HILL. [A Mrs. Higgins]. No debe preocuparse por Clara. [Pickering, captando por el tono bajo de ella que esto no es para que él lo oiga, se une discretamente a Higgins en la ventana]. ¡Somos tan pobres! ¡Y ella tiene tan pocas invitaciones, pobre muchacha! Ella no sabe que es así. [Mrs. Higgins, viendo que tiene los ojos húmedos, le coge la mano con simpatía y la acompaña hasta la puerta]. Pero el chico es simpático. ¿No le parece?

MRS. HIGGINS. Oh, muy simpático. Siempre estaré encantada de verle.

MRS. EYNSFORD HILL. Gracias, querida. Adiós. [Sale].

HIGGINS. [Ansiosamente]. ¿Y bien? ¿Es Eliza presentable? [Se abalanza sobre su madre y la arrastra hasta la otomana, donde ella se sienta en el lugar de Eliza, con su hijo en la izquierda].

Pickering vuelve a su silla a su derecha.

MRS. HIGGINS. Niño tonto, claro que no es presentable. Es un triunfo de tu arte y el de su modista; pero si supones por un momento que no se delata en cada frase que pronuncia, debes de estar perfectamente chiflado.

PICKERING. ¿Pero no cree que podría hacerse algo? Me refiero a algo para eliminar el elemento escatológico de su conversación.

MRS. HIGGINS. No mientras esté en manos de Henry.

HIGGINS. [Agraviado]. ¿Quiere decir que mi lenguaje es impropio?

MRS. HIGGINS. No, dearest: it would be quite proper—say on a canal barge; but it would not be proper for her at a garden party.

HIGGINS. [deeply injured] Well I must say—

PICKERING. [interrupting him] Come, Higgins: you must learn to know yourself. I haven't heard such language as yours since we used to review the volunteers in Hyde Park twenty years ago.

HIGGINS. [sulkily] Oh, well, if you say so, I suppose I don't always talk like a bishop.

MRS. HIGGINS. [quieting Henry with a touch] Colonel Pickering: will you tell me what is the exact state of things in Wimpole Street?

PICKERING. [cheerfully: as if this completely changed the subject] Well, I have come to live there with Henry. We work together at my Indian Dialects; and we think it more convenient—

MRS. HIGGINS. Quite so. I know all about that: it's an excellent arrangement. But where does this girl live?

HIGGINS. With us, of course. Where would she live?

MRS. HIGGINS. But on what terms? Is she a servant? If not, what is she?

PICKERING. [slowly] I think I know what you mean, Mrs. Higgins.

HIGGINS. Well, dash me if I do! I've had to work at the girl every day for months to get her to her present pitch. Besides, she's useful. She knows where my things are, and remembers my appointments and so forth.

MRS. HIGGINS. How does your housekeeper get on with her?

HIGGINS. Mrs. Pearce? Oh, she's jolly glad to get so much taken off her hands; for before Eliza came, she had to have to find things and remind me of my appointments. But she's got some silly bee in her bonnet about Eliza. She keeps saying "You don't think, sir": doesn't

MRS. HIGGINS. No, querido; sería muy apropiado, digamos, en una barcaza del canal; pero no lo sería para ella en una fiesta de jardín.

HIGGINS. [Profundamente herido]. Bueno, debo decir...

PICKERING. [Interrumpiéndole]. Vamos, Higgins: debe aprender a conocerse a sí mismo. No había oído un lenguaje como el suyo desde que pasábamos revista a los voluntarios en Hyde Park hace veinte años.

HIGGINS. [Enfurruñado]. Oh, bueno, si usted lo dice, supongo que no siempre hablo como un obispo.

MRS. HIGGINS. [Tranquilizando a Henry con un gesto]. Coronel Pickering, ¿me podría decir cuál es el estado exacto de las cosas en Wimpole Street?

PICKERING. [Alegremente, como si esto cambiara completamente de tema]. Bueno, he acabado por vivir allí con Henry. Trabajamos juntos en mis dialectos indios y creemos que es más conveniente...

MRS. HIGGINS. Así es. Lo sé todo sobre eso, es un arreglo excelente. Pero, ¿dónde vive esta muchacha?

HIGGINS. Con nosotros, por supuesto. ¿Dónde sino viviría?

MRS. HIGGINS. ¿Pero en qué términos? ¿Es una sirvienta? Si no, ¿qué es?

PICKERING. [Lentamente]. Creo que sé lo que quiere decir, Mrs. Higgins.

HIGGINS. ¡Bueno, que me cuelguen si yo lo entiendo! He tenido que trabajar en la muchacha todos los días durante meses para que llegue a su tono actual. Además, es útil. Sabe dónde están mis cosas y recuerda mis citas y demás.

MRS. HIGGINS. ¿Cómo se lleva su ama de llaves con ella?

HIGGINS. ¿Mrs. Pearce? Oh, está muy contenta de quitarse tantas cosas de encima porque, antes de que llegara Eliza, tenía que buscar cosas y recordarme mis citas. Pero ella tiene algo bajo la manga acerca de Eliza. No para de decir «Usted no piensa, señor», ¿verdad, Pick?

she, Pick?

PICKERING. Yes: that's the formula. "You don't think, sir." That's the end of every conversation about Eliza.

HIGGINS. As if I ever stop thinking about the girl and her confounded vowels and consonants. I'm worn out, thinking about her, and watching her lips and her teeth and her tongue, not to mention her soul, which is the quaintest of the lot.

MRS. HIGGINS. You certainly are a pretty pair of babies, playing with your live doll.

HIGGINS. Playing! The hardest job I ever tackled: make no mistake about that, mother. But you have no idea how frightfully interesting it is to take a human being and change her into a quite different human being by creating a new speech for her. It's filling up the deepest gulf that separates class from class and soul from soul.

PICKERING. [drawing his chair closer to Mrs. Higgins and bending over to her eagerly] Yes: it's enormously interesting. I assure you, Mrs. Higgins, we take Eliza very seriously. Every week—every day almost—there is some new change. [Closer again] We keep records of every stage—dozens of gramophone disks and photographs—

HIGGINS. [assailing her at the other ear] Yes, by George: it's the most absorbing experiment I ever tackled. She regularly fills our lives up; doesn't she, Pick?

PICKERING. We're always talking Eliza.

HIGGINS. Teaching Eliza.

PICKERING. Dressing Eliza.

MRS. HIGGINS. What!

HIGGINS. Inventing new Elizas.

PICKERING. Sí, ésa es la fórmula. «Usted no piensa, señor». Ese es el final de cada conversación sobre Eliza.

HIGGINS. Como si alguna vez dejara de pensar en la muchacha y en sus confusas vocales y consonantes. Estoy agotado, pensando en ella, y observando sus labios y sus dientes y su lengua, por no hablar de su alma, que es lo más pintoresco de todo.

MRS. HIGGINS. Ciertamente son un bonito par de bebés, jugando con su muñeca viviente.

HIGGINS. ¡Jugar! El trabajo más duro que he emprendido en mi vida; no te equivoques, madre. Pero no tienes ni idea de lo espantosamente interesante que es tomar a un ser humano y convertirlo en un ser humano totalmente diferente, creándole un nuevo discurso. Es llenar el abismo más profundo que separa una clase de otra clase y un alma de otra alma.

PICKERING. [Acerca su silla a Mrs. Higgins y se inclina hacia ella con impaciencia]. Sí, es enormemente interesante. Le aseguro, Mrs. Higgins, que nos tomamos a Eliza muy en serio. Cada semana —casi cada día— hay algún cambio nuevo. [Acercándose de nuevo]. Guardamos registros de cada etapa... docenas de discos de gramófono y fotografías.

HIGGINS. [Atacándola por el otro oído]. Sí, cielos; es el experimento más absorbente que he emprendido en mi vida. Nos llena la vida cada día; ¿verdad, Pick?

PICKERING. Siempre estamos hablando a Eliza.

HIGGINS. Enseñando a Eliza.

PICKERING. Vistiendo a Eliza.

MRS. HIGGINS. ¡Qué!

HIGGINS. Inventando nuevas Elizas.

Higgins and Pickering, speaking together:

HIGGINS. You know, she has the most extraordinary quickness of ear:

PICKERING. I assure you, my dear Mrs. Higgins, that girl

HIGGINS. just like a parrot. I've tried her with every

PICKERING. is a genius. She can play the piano quite beautifully

HIGGINS. possible sort of sound that a human being can make—

PICKERING. We have taken her to classical concerts and to music

HIGGINS. Continental dialects, African dialects, Hottentot

PICKERING. halls; and it's all the same to her: she plays everything

HIGGINS. clicks, things it took me years to get hold of; and

PICKERING. she hears right off when she comes home, whether it's

HIGGINS. she picks them up like a shot, right away, as if she had

PICKERING. Beethoven and Brahms or Lehar and Lionel Morickton;

HIGGINS. been at it all her life.

PICKERING. though six months ago, she'd never as much as touched a piano.

MRS. HIGGINS. [putting her fingers in her ears, as they are by this time shouting one another down with an intolerable noise] Sh—sh—sh—sh! [They stop].

PICKERING. I beg your pardon. [He draws his chair back apologetically].

HIGGINS. Sorry. When Pickering starts shouting nobody can get a

Higgins y Pickering, hablando juntos:

HIGGINS.   Sabes, tiene la más extraordinaria rapidez de oído,

PICKERING.   Le aseguro, mi querida Mrs. Higgins, que esa muchacha

HIGGINS.   como un loro. La he probado con todos

PICKERING.   es un genio. Sabe tocar el piano muy bien,

HIGGINS.   los tipos de sonidos que pueda emitir un ser humano:

PICKERING.   la hemos llevado a conciertos de música clásica,

HIGGINS.   dialectos continentales, dialectos africanos, hotentote

PICKERING.   y a salones; y a ella le da lo mismo, toca todo,

HIGGINS.   clics, cosas que me costó años conseguir; y

PICKERING.   capta enseguida y cuando llega a casa... ya sea

HIGGINS.   los coge como un tiro, enseguida, como si lo hubiera

PICKERING.   Beethoven y Brahms o Lehar y Lionel Morickton;

HIGGINS.   hecho toda su vida.

PICKERING.   aunque hace seis meses ni siquiera había tocado un piano...

MRS. HIGGINS. [Se pone los dedos en los oídos, ya que para entonces se están gritando unos a otros con un ruido intolerable]. ¡Sh-sh-sh-sh! [Se detienen].

PICKERING. Discúlpeme. [Echa su silla hacia atrás, disculpándose].

HIGGINS. Lo siento. Cuando Pickering empieza a gritar nadie puede ar-

word in edgeways.

MRS. HIGGINS. Be quiet, Henry. Colonel Pickering: don't you realize that when Eliza walked into Wimpole Street, something walked in with her?

PICKERING. Her father did. But Henry soon got rid of him.

MRS. HIGGINS. It would have been more to the point if her mother had. But as her mother didn't something else did.

PICKERING. But what?

MRS. HIGGINS. [unconsciously dating herself by the word] A problem.

PICKERING. Oh, I see. The problem of how to pass her off as a lady.

HIGGINS. I'll solve that problem. I've half solved it already.

MRS. HIGGINS. No, you two infinitely stupid male creatures: the problem of what is to be done with her afterwards.

HIGGINS. I don't see anything in that. She can go her own way, with all the advantages I have given her.

MRS. HIGGINS. The advantages of that poor woman who was here just now! The manners and habits that disqualify a fine lady from earning her own living without giving her a fine lady's income! Is that what you mean?

PICKERING. [indulgently, being rather bored] Oh, that will be all right, Mrs. Higgins. [He rises to go].

HIGGINS. [rising also] We'll find her some light employment.

PICKERING. She's happy enough. Don't you worry about her. Good-bye. [He shakes hands as if he were consoling a frightened child, and

ticular palabra.

MRS. HIGGINS. Cállate, Henry. Coronel Pickering, ¿no se da cuenta de que cuando Eliza entró en Wimpole Street, algo entró con ella?

PICKERING. Su padre lo hizo. Pero Henry pronto se deshizo de él.

MRS. HIGGINS. Habría sido más adecuado si su madre lo hubiera hecho. Pero como su madre no lo hizo algo más lo hizo.

PICKERING. ¿Pero qué?

MRS. HIGGINS. [Inconscientemente mostrando su edad al decirlo]. Un problema.

PICKERING. Ah, ya veo. El problema de cómo hacerla pasar por una dama.

HIGGINS. Resolveré ese problema. Ya lo he resuelto a medias.

MRS. HIGGINS. No, ustedes dos —criaturas masculinas infinitamente estúpidas— el problema de qué se hará con ella después.

HIGGINS. No veo ningún problema en eso. Puede seguir su propio camino, con todas las ventajas que le he dado.

MRS. HIGGINS. ¡Las ventajas de esa pobre mujer que estaba aquí hace un momento! ¡Los modales y hábitos que descalifican a una dama de sociedad para ganarse la vida sin darle los ingresos de una dama de sociedad! ¿Es eso lo que quieres decir?

PICKERING. [Indulgente, aburrido más bien]. Oh, eso estará bien, Mrs. Higgins. [Se levanta para irse].

HIGGINS. [También poniéndose de pie]. Le encontraremos algún empleo ligero.

PICKERING. Ella es lo suficientemente feliz. No se preocupe por ella. Adiós. [Le estrecha la mano como si consolara a una niña asustada, y

makes for the door].

HIGGINS. Anyhow, there's no good bothering now. The thing's done. Good-bye, mother. [He kisses her, and follows Pickering].

PICKERING. [turning for a final consolation] There are plenty of openings. We'll do what's right. Good-bye.

HIGGINS. [to Pickering as they go out together] Let's take her to the Shakespeare exhibition at Earls Court.

PICKERING. Yes: let's. Her remarks will be delicious.

HIGGINS. She'll mimic all the people for us when we get home.

PICKERING. Ripping. [Both are heard laughing as they go downstairs].

MRS. HIGGINS. [rises with an impatient bounce, and returns to her work at the writing-table. She sweeps a litter of disarranged papers out of her way; snatches a sheet of paper from her stationery case; and tries resolutely to write. At the third line she gives it up; flings down her pen; grips the table angrily and exclaims] Oh, men! men!! men!!!

se dirige a la puerta].

HIGGINS. De todos modos, no sirve de nada preocuparse ahora. La cosa hecha está. Adiós, madre. [La besa y sigue a Pickering].

PICKERING. [Volviéndose para dar un último consuelo]. Hay muchas oportunidades. Haremos lo correcto. Adiós.

HIGGINS. [A Pickering, mientras salen juntos]. Llevémosla a la exposición de Shakespeare en Earls Court.

PICKERING. Sí, vamos. Sus comentarios serán deliciosos.

HIGGINS. Hará imitaciones de toda la gente cuando lleguemos a casa.

PICKERING. Estupendo. [Se oye reír a ambos mientras bajan las escaleras].

MRS. HIGGINS. [Se levanta, rebotando impaciente en el asiento, y vuelve a su trabajo en el escritorio. Aparta de su camino un montón de papeles desordenados, coge una hoja de papel de su estuche de papelería e intenta escribir con decisión. A la tercera línea abandona, tira la pluma, agarra el escritorio con rabia y exclama]. ¡¡¡Oh, los hombres!!! ¡¡¡¡Los hombres!!!!

ACT IV

The Wimpole Street laboratory. Midnight. Nobody in the room. The clock on the mantelpiece strikes twelve. The fire is not alight: it is a summer night.

Presently Higgins and Pickering are heard on the stairs.

HIGGINS. [calling down to Pickering] I say, Pick: lock up, will you. I shan't be going out again.

PICKERING. Right. Can Mrs. Pearce go to bed? We don't want anything more, do we?

HIGGINS. Lord, no!

Eliza opens the door and is seen on the lighted landing in opera cloak, brilliant evening dress, and diamonds, with fan, flowers, and all accessories. She comes to the hearth, and switches on the electric lights there. She is tired: her pallor contrasts strongly with her dark eyes and hair; and her expression is amost tragic. She takes off her cloak; puts her fan and flowers on the piano; and sits down on the bench, brooding and silent. Higgins, in evening dress, with overcoat and hat, comes in, carrying a smoking jacket which he has picked up downstairs. He takes off the hat and overcoat; throws them carelessly on the newspaper stand; disposes of his coat in the same way; puts on the smoking jacket; and throws himself wearily into the easy-chair at the hearth. Pickering, similarly attired, comes in. He also takes off his hat and overcoat, and is about to throw them on Higgins's when he hesitates.

PICKERING. I say: Mrs. Pearce will row if we leave these things lying about in the drawing-room.

HIGGINS. Oh, chuck them over the bannisters into the hall. She'll find them there in the morning and put them away all right. She'll think we were drunk.

PICKERING. We are, slightly. Are there any letters?

ACTO IV

El laboratorio de Wimpole Street. Medianoche. No hay nadie en la habitación. El reloj de la repisa de la chimenea da las doce. El fuego no está encendido; es una noche de verano.

En seguida se oye a Higgins y Pickering en las escaleras.

HIGGINS. [Llamando a Pickering]. Digo, Pick: cierre la puerta con llave, ¿quiere? No volveremos a salir.

PICKERING. Bien. ¿Mrs. Pearce ya puede irse a la cama? No queremos nada más, ¿verdad?

HIGGINS. ¡Señor, no!

Eliza abre la puerta y se la ve en el rellano iluminado; está vestida con capa para la ópera, con un vestido de noche brillante y diamantes, con abanico, flores y todos los accesorios. Se acerca al hogar y enciende allí las luces eléctricas. Está cansada, su palidez contrasta con firmeza con sus ojos y cabellos oscuros, y su expresión es casi trágica. Se quita la capa, deja el abanico y las flores sobre el piano, y se sienta en el banco, pensativa y silenciosa. Higgins, en traje de etiqueta, con sobretodo y sombrero, entra, llevando un smoking que ha recogido abajo. Se quita el sombrero y el sobretodo, los tira descuidadamente en el revistero, se deshace del sobretodo de la misma manera, se pone el smoking y se echa cansado en el sillón junto a la chimenea. Pickering, igualmente ataviado, entra. También se quita el sombrero y el sobretodo, y está a punto de arrojarlos sobre los de Higgins cuando duda.

PICKERING. Eso, digo yo, Mrs. Pearce se enfadará si dejamos estas cosas tiradas en el salón.

HIGGINS. Oh, tírelos por encima de las barandillas al vestíbulo. Ella los encontrará allí por la mañana y los guardará. Pensará que estábamos borrachos.

PICKERING. Y sí... un poco. ¿Hay alguna carta?

HIGGINS. I didn't look. [Pickering takes the overcoats and hats and goes down stairs. Higgins begins half singing half yawning an air from *La Fanciulla del Golden West*. Suddenly he stops and exclaims] I wonder where the devil my slippers are!

Eliza looks at him darkly; then leaves the room.

Higgins yawns again, and resumes his song. Pickering returns, with the contents of the letter-box in his hand.

PICKERING. Only circulars, and this coroneted billet-doux for you. [He throws the circulars into the fender, and posts himself on the hearthrug, with his back to the grate].

HIGGINS. [glancing at the billet-doux] Money-lender. [He throws the letter after the circulars].

Eliza returns with a pair of large down-at-heel slippers. She places them on the carpet before Higgins, and sits as before without a word.

HIGGINS. [yawning again] Oh Lord! What an evening! What a crew! What a silly tomfoollery! [He raises his shoe to unlace it, and catches sight of the slippers. He stops unlacing and looks at them as if they had appeared there of their own accord]. Oh! they're there, are they?

PICKERING. [stretching himself] Well, I feel a bit tired. It's been a long day. The garden party, a dinner party, and the opera! Rather too much of a good thing. But you've won your bet, Higgins. Eliza did the trick, and something to spare, eh?

HIGGINS. [fervently] Thank God it's over!

Eliza flinches violently; but they take no notice of her; and she recovers herself and sits stonily as before.

PICKERING. Were you nervous at the garden party? I was. Eliza didn't seem a bit nervous.

HIGGINS. Oh, she wasn't nervous. I knew she'd be all right. No, it's the

HIGGINS. No he mirado. [Pickering coge los abrigos y los sombreros y baja las escaleras. Higgins empieza a cantar, bostezando a medias, un aire de *La Fanciulla del Dorado Oeste*. De repente se detiene y exclama]. ¡Me pregunto dónde diablos estarán mis zapatillas!

Eliza le mira sombríamente; luego sale de la habitación.

Higgins bosteza de nuevo y reanuda su canción. Pickering regresa, con el contenido del buzón en la mano.

PICKERING. Sólo circulares, y esta carta de amor para usted. [Arroja las circulares en el guardafuegos, y se coloca en la chimenea, de espaldas a la rejilla].

HIGGINS. [Echa un vistazo a la carta de amor]. Un prestamista. [Arroja la carta tras las circulares].

Eliza regresa con un par de grandes zapatillas de tacón bajo. Las coloca en la alfombra ante Higgins y se sienta como antes, sin decir palabra.

HIGGINS. [Bostezando de nuevo]. ¡Oh Señor! ¡Vaya noche! ¡Qué comitiva! ¡Qué tontería! [Levanta el zapato para desatarlo y divisa las zapatillas. Deja de desatarse el cordón y las mira como si hubieran aparecido allí por sí solas]. ¡Oh! Después de todo están ahí, ¿verdad?

PICKERING. [Estirándose]. Bueno, me siento un poco cansado. Ha sido un día muy largo. La fiesta de jardín, una cena, ¡y la ópera! Demasiado de algo bueno. Pero ha ganado su apuesta, Higgins. Eliza hizo el truco, y un poco de sobra, ¿eh?

HIGGINS. [Fervientemente]. ¡Gracias a Dios que se acabó!

Eliza se estremece violentamente, pero no le hacen caso, se recupera y se sienta pétreamente como antes.

PICKERING. ¿Estaba nervioso en la fiesta de jardín? Yo lo estaba. Eliza no parecía nerviosa.

HIGGINS. Ella no estaba nerviosa. Yo sabía que estaría bien. No, es la

strain of putting the job through all these months that has told on me. It was interesting enough at first, while we were at the phonetics; but after that I got deadly sick of it. If I hadn't backed myself to do it I should have chucked the whole thing up two months ago. It was a silly notion: the whole thing has been a bore.

PICKERING. Oh come! the garden party was frightfully exciting. My heart began beating like anything.

HIGGINS. Yes, for the first three minutes. But when I saw we were going to win hands down, I felt like a bear in a cage, hanging about doing nothing. The dinner was worse: sitting gorging there for over an hour, with nobody but a damned fool of a fashionable woman to talk to! I tell you, Pickering, never again for me. No more artificial duchesses. The whole thing has been simple purgatory.

PICKERING. You've never been broken in properly to the social routine. [Strolling over to the piano] I rather enjoy dipping into it occasionally myself: it makes me feel young again. Anyhow, it was a great success: an immense success. I was quite frightened once or twice because Eliza was doing it so well. You see, lots of the real people can't do it at all: they're such fools that they think style comes by nature to people in their position; and so they never learn. There's always something professional about doing a thing superlatively well.

HIGGINS. Yes: that's what drives me mad: the silly people don't know their own silly business. [Rising] However, it's over and done with; and now I can go to bed at last without dreading tomorrow.

Eliza's beauty becomes murderous.

PICKERING. I think I shall turn in too. Still, it's been a great occasion: a triumph for you. Good-night. [He goes].

HIGGINS. [following him] Good-night. [Over his shoulder, at the door] Put out the lights, Eliza; and tell Mrs. Pearce not to make coffee for me in the morning: I'll take tea. [He goes out].

tensión de soportar el trabajo durante todos estos meses lo que ha hecho mella en mí. Fue bastante interesante al principio, mientras estuvimos con la fonética pero después me harté mortalmente. Si no me hubiera prometido a mí mismo hacerlo, habría desechado todo el asunto hace dos meses. Era una idea tonta: todo el asunto ha sido un aburrimiento.

PICKERING. ¡Oh, vamos! La fiesta de jardín fue espantosamente emocionante. Mi corazón empezó a latir sin darme cuenta.

HIGGINS. Sí, durante los tres primeros minutos. Pero cuando vi que íbamos a ganar sin problemas, me sentí como un oso enjaulado, sin hacer nada. La cena fue lo peor: ¡sentado, atiborrándome allí durante más de una hora, sin nadie más que una maldita tonta de una mujer de moda con la que hablar! Se lo digo, Pickering, no lo hago nunca más. No más duquesas artificiales. Todo ha sido un simple purgatorio.

PICKERING. Nunca se ha acostumbrado bien a la rutina social. [Se acerca al piano]. Yo disfruto bastante sumergiéndome en ella de vez en cuando, me hace sentir joven de nuevo. De todos modos, fue un gran éxito; un éxito inmenso. Me asusté bastante una o dos veces porque Eliza lo hacía muy bien. Verá, mucha de la verdadera gente de mundo no puede hacerlo en absoluto, son tan tontos que creen que el estilo viene por naturaleza a la gente de su posición; y por eso nunca aprenden. Siempre hay algo profesional en hacer una cosa superlativamente bien.

HIGGINS. Sí, eso es lo que me enloquece, la gente tonta no conoce sus propios asuntos tontos. [Levantándose]. Sin embargo, ya se ha acabado, y ahora por fin puedo irme a la cama sin temer el mañana.

La belleza de Eliza se vuelve asesina.

PICKERING. Creo que yo también me acostaré. Aún así, ha sido una gran ocasión, un triunfo para usted. Buenas noches. [Se va].

HIGGINS. [Siguiéndole]. Buenas noches. [Por encima del hombro, en la puerta]. Apague las luces, Eliza, y dígale a Mrs. Pearce que no me haga café por la mañana: tomaré té. [Sale].

Eliza tries to control herself and feel indifferent as she rises and walks across to the hearth to switch off the lights. By the time she gets there she is on the point of screaming. She sits down in Higgins's chair and holds on hard to the arms. Finally she gives way and flings herself furiously on the floor raging.

HIGGINS. [in despairing wrath outside] What the devil have I done with my slippers? [He appears at the door].

LIZA. [snatching up the slippers, and hurling them at him one after the other with all her force] There are your slippers. And there. Take your slippers; and may you never have a day's luck with them!

HIGGINS. [astounded] What on earth—! [He comes to her]. What's the matter? Get up. [He pulls her up]. Anything wrong?

LIZA. [breathless] Nothing wrong—with *you*. I've won your bet for you, haven't I? That's enough for you. I don't matter, I suppose.

HIGGINS. *You* won my bet! You! Presumptuous insect! I won it. What did you throw those slippers at me for?

LIZA. Because I wanted to smash your face. I'd like to kill you, you selfish brute. Why didn't you leave me where you picked me out of—in the gutter? You thank God it's all over, and that now you can throw me back again there, do you? [She crisps her fingers, frantically].

HIGGINS. [looking at her in cool wonder] The creature *is* nervous, after all.

LIZA. [gives a suffocated scream of fury, and instinctively darts her nails at his face]!!

HIGGINS. [catching her wrists] Ah! would you? Claws in, you cat. How dare you show your temper to me? Sit down and be quiet. [He throws her roughly into the easy-chair].

LIZA. [crushed by superior strength and weight] What's to become of me? What's to become of me?

Eliza intenta controlarse y sentirse indiferente mientras se levanta y se dirige al hogar para apagar las luces. Cuando llega allí está a punto de gritar. Se sienta en la silla de Higgins y se agarra con fuerza a los brazos. Finalmente cede y se arroja furiosa al suelo enfurecida.

HIGGINS. [Con ira desesperada, fuera de escena]. ¿Qué demonios he hecho con mis zapatillas? [Aparece en la puerta].

LIZA. [Cogiendo las zapatillas y lanzándoselas una tras otra con toda su fuerza]. Ahí está su zapatilla. Y ahí. Coja sus zapatillas, ¡y que nunca tenga un día de suerte con ellas!

HIGGINS. [Asombrado] ¡Qué demonios...! [Se acerca a ella]. ¿Todo bien? Levántese. [Él tira de ella hacia arriba]. ¿Todo bien?

LIZA. [Sin aliento]. Todo bien... para *usted*. Yo he ganado la apuesta por usted, ¿verdad? Eso es suficiente para usted. Yo no importo, supongo.

HIGGINS. ¡Que *usted* ganó mi apuesta! ¡Usted! ¡Insecto presuntuoso! Yo la gané. ¿Por qué me tiró esas zapatillas?

LIZA. Porque quería partirle la cara. Me gustaría matarle, bruto egoísta. ¿Por qué no me dejó donde me sacó, en la cuneta? De gracias a Dios de que todo haya acabado, y que ahora puede volver a tirarme allí, ¿verdad? [Se crispa los dedos, frenéticamente].

HIGGINS. [Mirándola con frío asombro]. La criatura *es* nerviosa, después de todo.

LIZA. [Da un grito de furia sofocado, e instintivamente intenta clavarle las uñas en la cara].

HIGGINS. [Cogiéndole las muñecas]. ¡Ah! ¿Lo haría? Guarde las garras, gata. ¿Cómo se atreve a mostrar su mal genio conmigo? Siéntese y cállese. [La arroja bruscamente al sillón].

LIZA. [Aplastada por una fuerza y un peso superiores]. ¿Qué va a ser de mí? ¿Qué va a ser de mí?

HIGGINS. How the devil do I know what's to become of you? What does it matter what becomes of you?

LIZA. You don't care. I know you don't care. You wouldn't care if I was dead. I'm nothing to you—not so much as them slippers.

HIGGINS. [thundering] *Those* slippers.

LIZA. [with bitter submission] Those slippers. I didn't think it made any difference now.

A pause. Eliza hopeless and crushed. Higgins a little uneasy.

HIGGINS. [in his loftiest manner] Why have you begun going on like this? May I ask whether you complain of your treatment here?

LIZA. No.

HIGGINS. Has anybody behaved badly to you? Colonel Pickering? Mrs. Pearce? Any of the servants?

LIZA. No.

HIGGINS. I presume you don't pretend that I have treated you badly.

LIZA. No.

HIGGINS. I am glad to hear it. [He moderates his tone]. Perhaps you're tired after the strain of the day. Will you have a glass of champagne? [He moves towards the door].

LIZA. No. [Recollecting her manners] Thank you.

HIGGINS. [good-humored again] This has been coming on you for some days. I suppose it was natural for you to be anxious about the garden party. But that's all over now. [He pats her kindly on the shoulder. She writhes]. There's nothing more to worry about.

LIZA. No. Nothing more for you to worry about. [She suddenly rises and gets away from him by going to the piano bench, where she sits

HIGGINS. ¿Cómo diablos puedo saber qué va a ser de usted? ¿Qué importa lo que sea de usted?

LIZA. No le importa. Sé que no le importa. No le importaría si estuviera muerta. No soy nada para usted, ni siquiera como *'tas* zapatillas.

HIGGINS. [Tronando]. *Esas* zapatillas.

LIZA. [Con amarga sumisión]. Esas zapatillas. No creí que cambiara nada ahora.

Una pausa. Eliza desesperada y aplastada. Higgins un poco inquieto.

HIGGINS. [En su tono más elevado]. ¿Por qué ha empezado a comportarse así? ¿Puedo preguntarle si se queja del trato que recibe aquí?

LIZA. No.

HIGGINS. ¿Alguien se ha comportado mal con usted? ¿El Coronel Pickering? ¿Mrs. Pearce? ¿Alguno de los criados?

LIZA. No.

HIGGINS. Supongo que no pretenderá que yo la he tratado mal.

LIZA. No.

HIGGINS. Me alegra oírlo. [Modera su tono]. Tal vez esté cansada después de la tensión del día. ¿Quiere una copa de champán? [Se mueve hacia la puerta].

LIZA. No. [Recordando sus modales]. Gracias.

HIGGINS. [De nuevo de buen humor]. Esto lo ha venido rumiando por algunos días. Supongo que era natural que estuviera ansiosa por la fiesta de jardín. Pero eso ya ha pasado. [Le palmea amablemente el hombro. Ella se retuerce]. No hay nada más de qué preocuparse.

LIZA. No. Nada más de lo que usted deba preocuparse. [Se levanta de repente y se aleja de él dirigiéndose al banco del piano, donde se sienta

and hides her face]. Oh God! I wish I was dead.

HIGGINS. [Staring after her in sincere surprise]. Why? in heaven's name, why? [Reasonably, going to her] Listen to me, Eliza. All this irritation is purely subjective.

LIZA. I don't understand. I'm too ignorant.

HIGGINS. It's only imagination. Low spirits and nothing else. Nobody's hurting you. Nothing's wrong. You go to bed like a good girl and sleep it off. Have a little cry and say your prayers: that will make you comfortable.

LIZA. I heard *your* prayers. "Thank God it's all over!"

HIGGINS. [impatiently] Well, don't you thank God it's all over? Now you are free and can do what you like.

LIZA. [pulling herself together in desperation] What am I fit for? What have you left me fit for? Where am I to go? What am I to do? What's to become of me?

HIGGINS. [enlightened, but not at all impressed] Oh, that's what's worrying you, is it? [He thrusts his hands into his pockets, and walks about in his usual manner, rattling the contents of his pockets, as if condescending to a trivial subject out of pure kindness]. I shouldn't bother about it if I were you. I should imagine you won't have much difficulty in settling yourself, somewhere or other, though I hadn't quite realized that you were going away. [She looks quickly at him: he does not look at her, but examines the dessert stand on the piano and decides that he will eat an apple]. You might marry, you know. [He bites a large piece out of the apple, and munches it noisily]. You see, Eliza, all men are not confirmed old bachelors like me and the Colonel. Most men are the marrying sort (poor devils!); and you're not bad-looking; it's quite a pleasure to look at you sometimes—not now, of course, because you're crying and looking as ugly as the very devil; but when you're all right and quite yourself, you're what I should call attractive. That is, to the people in the marrying line, you understand. You go to bed and have a good nice rest; and then get up and look at yourself in the glass; and you won't feel so cheap.

y esconde la cara]. ¡Oh, Dios! Ojalá estuviera muerta.

HIGGINS. [Mirándola con sincera sorpresa]. ¿Por qué? En nombre del cielo, ¿por qué? [Más razonable, acercándose a ella]. Escúcheme, Eliza. Toda esta irritación es puramente subjetiva.

LIZA. No lo entiendo. Soy demasiado ignorante.

HIGGINS. Es sólo imaginación. Falta de ánimo y nada más. Nadie le hace daño. No le pasa nada. Vaya a la cama como una buena muchacha y duerma la mona. Llore un poco y rece sus oraciones, eso la hará sentir cómoda.

LIZA. He oído *sus* oraciones. «¡Gracias a Dios que todo ha terminado!».

HIGGINS. [Impaciente]. Bueno, ¿no da gracias a Dios de que todo haya terminado? Ahora es libre y puede hacer lo que quiera.

LIZA. [Recomponiéndose, desesperada]. ¿Para qué soy apta? ¿Para qué me ha hecho apta? ¿Adónde voy a ir? ¿Qué voy a hacer? ¿Qué va a ser de mí?

HIGGINS. [Iluminado, pero nada impresionado]. Oh, eso es lo que le preocupa, ¿verdad? [Se mete las manos en los bolsillos y se pasea a su manera habitual, haciendo sonar el contenido de sus bolsillos, como si condescendiera con un tema trivial por pura amabilidad]. Yo en su lugar no me preocuparía por ello. Imagino que no tendrá mucha dificultad en instalarse, en un sitio u otro, aunque no me había dado cuenta de que se marchaba. [Ella le mira rápidamente, él no la mira, sino que examina la fuente con los postres sobre el piano y decide que se comerá una manzana]. Puede que se case. [Muerde un gran trozo de la manzana y lo mastica ruidosamente]. Verá, Eliza, no todos los hombres son viejos solterones empedernidos como el coronel y yo. La mayoría de los hombres son de los que se casan (¡pobres diablos!); y usted no es fea, a veces es un placer mirarla; no ahora, por supuesto, porque está llorando y tiene un aspecto tan feo como el mismo demonio; pero cuando está bien y es usted misma, es lo que yo llamaría atractiva. Es decir, para la gente con miras a casarse, usted entiende. Vaya a la cama y descanse bien, y luego levántese y mírese en el espejo; y no se sentirá tan barata.

Eliza again looks at him, speechless, and does not stir.

The look is quite lost on him: he eats his apple with a dreamy expression of happiness, as it is quite a good one.

HIGGINS. [a genial afterthought occurring to him] I daresay my mother could find some chap or other who would do very well—

LIZA. We were above that at the corner of Tottenham Court Road.

HIGGINS. [waking up] What do you mean?

LIZA. I sold flowers. I didn't sell myself. Now you've made a lady of me I'm not fit to sell anything else. I wish you'd left me where you found me.

HIGGINS. [slinging the core of the apple decisively into the grate] Tosh, Eliza. Don't you insult human relations by dragging all this cant about buying and selling into it. You needn't marry the fellow if you don't like him.

LIZA. What else am I to do?

HIGGINS. Oh, lots of things. What about your old idea of a florist's shop? Pickering could set you up in one: he's lots of money. [Chuckling] He'll have to pay for all those togs you have been wearing today; and that, with the hire of the jewellery, will make a big hole in two hundred pounds. Why, six months ago you would have thought it the millennium to have a flower shop of your own. Come! you'll be all right. I must clear off to bed: I'm devilish sleepy. By the way, I came down for something: I forget what it was.

LIZA. Your slippers.

HIGGINS. Oh yes, of course. You shied them at me. [He picks them up, and is going out when she rises and speaks to him].

LIZA. Before you go, sir—

Eliza vuelve a mirarle, muda, y no se mueve.

La mirada se le escapa; come su manzana con una expresión de felicidad ensoñadora, ya que es bastante buena.

HIGGINS. [Se le ocurre una idea genial]. Me atrevería a decir que mi madre podría encontrar algún que otro tipo que estaría muy bien...

LIZA. Estábamos por encima de eso, en la esquina de Tottenham Court Road.

HIGGINS. [Despertando del ensueño]. ¿Qué quiere decir?

LIZA. Vendía flores. No me vendía a mí misma. Ahora que ha hecho de mí una dama no sirvo para vender nada más. Ojalá me hubiera dejado donde me encontró.

HIGGINS. [Arrojando el carozo de la manzana con decisión a la rejilla]. Qué estupidez, Eliza. No insulte las relaciones humanas alargando toda esta perorata sobre comprar y vender. No necesita casarse con el tipo si no le gusta.

LIZA. ¿Qué otra cosa puedo hacer?

HIGGINS. Oh, muchas cosas. ¿Qué me dice de su vieja idea de una floristería? Pickering podría instalarla en una; tiene mucho dinero. [Riendo]. Tendrá que pagar todos esos trajes que ha llevado hoy; y eso, con el alquiler de las joyas, le hará un gran agujero en el bolsillo de doscientas libras. Vaya, hace seis meses habría pensado que tenía que pasar un milenio para poder tener una floristería propia. ¡Vamos! Estará bien. Debo irme a la cama, tengo un sueño del demonio. Por cierto, he bajado a por algo, he olvidado lo que era.

LIZA. Sus zapatillas.

HIGGINS. Oh, sí, por supuesto. Usted me las tiró. [Las recoge y va a salir cuando ella se levanta y le habla].

LIZA. Antes de que se vaya, sir...

HIGGINS. [dropping the slippers in his surprise at her calling him sir] Eh?

LIZA. Do my clothes belong to me or to Colonel Pickering?

HIGGINS. [coming back into the room as if her question were the very climax of unreason] What the devil use would they be to Pickering?

LIZA. He might want them for the next girl you pick up to experiment on.

HIGGINS. [shocked and hurt] Is *that* the way you feel towards us?

LIZA. I don't want to hear anything more about that. All I want to know is whether anything belongs to me. My own clothes were burnt.

HIGGINS. But what does it matter? Why need you start bothering about that in the middle of the night?

LIZA. I want to know what I may take away with me. I don't want to be accused of stealing.

HIGGINS. [now deeply wounded] Stealing! You shouldn't have said that, Eliza. That shows a want of feeling.

LIZA. I'm sorry. I'm only a common ignorant girl; and in my station I have to be careful. There can't be any feelings between the like of you and the like of me. Please will you tell me what belongs to me and what doesn't?

HIGGINS. [very sulky] You may take the whole damned houseful if you like. Except the jewels. They're hired. Will that satisfy you? [He turns on his heel and is about to go in extreme dudgeon].

LIZA. [drinking in his emotion like nectar, and nagging him to provoke a further supply] Stop, please. [She takes off her jewels]. Will you take these to your room and keep them safe? I don't want to run the risk of their being missing.

HIGGINS. [furious] Hand them over. [She puts them into his hands].

HIGGINS. [Deja caer las zapatillas sorprendido de que le llame sir]. ¿Eh?

LIZA. ¿Mi ropa me pertenece a mí o al Coronel Pickering?

HIGGINS. [Volviendo a la habitación como si su pregunta fuera el clímax de la sinrazón]. ¿De qué demonios le servirían a Pickering?

LIZA. Puede que las quiera para la próxima muchacha que coja para experimentar con ella.

HIGGINS. [Sorprendido y dolido]. ¿Es *así* como se siente hacia nosotros?

LIZA. No quiero oír nada más sobre esto. Sólo quiero saber si algo me pertenece. Mi propia ropa fue quemada.

HIGGINS. Pero, ¿qué importa? ¿Por qué tiene que molestarse por eso en mitad de la noche?

LIZA. Quiero saber qué puedo llevarme. No quiero que me acusen de robo.

HIGGINS. [Ahora profundamente herido]. ¡Robo! No debe decir eso, Eliza. Demuestra falta de sentimientos.

LIZA. Lo siento. Sólo soy una vulgar ignorante, y en mi posición tengo que ser cuidadosa. No puede haber sentimientos entre alguien como usted y alguien como yo. Por favor, ¿me dirá qué me pertenece y qué no?

HIGGINS. [Muy enfurruñado]. Puede llevarse toda la maldita casa si quiere. Excepto las joyas. Son alquiladas. ¿Eso la satisface? [Gira sobre sus talones y está a punto de enfurecerse].

LIZA. [Bebiendo de su emoción como néctar y regañándole para provocar aún más]. Espere, por favor. [Se quita las joyas]. ¿Se las llevará a su habitación y las guardará a buen recaudo? No quiero correr el riesgo de que se pierdan.

HIGGINS. [Furioso]. Démelas. [Ella se las pone en las manos]. Si éstas me

If these belonged to me instead of to the jeweler, I'd ram them down your ungrateful throat. [He perfunctorily thrusts them into his pockets, unconsciously decorating himself with the protruding ends of the chains].

LIZA. [taking a ring off] This ring isn't the jeweler's: it's the one you bought me in Brighton. I don't want it now. [Higgins dashes the ring violently into the fireplace, and turns on her so threateningly that she crouches over the piano with her hands over her face, and exclaims] Don't you hit me.

HIGGINS. Hit you! You infamous creature, how dare you accuse me of such a thing? It is you who have hit me. You have wounded me to the heart.

LIZA. [thrilling with hidden joy] I'm glad. I've got a little of my own back, anyhow.

HIGGINS. [with dignity, in his finest professional style] You have caused me to lose my temper: a thing that has hardly ever happened to me before. I prefer to say nothing more tonight. I am going to bed.

LIZA. [pertly] You'd better leave a note for Mrs. Pearce about the coffee; for she won't be told by me.

HIGGINS. [formally] Damn Mrs. Pearce; and damn the coffee; and damn you; and damn my own folly in having lavished *my* hard-earned knowledge and the treasure of my regard and intimacy on a heartless guttersnipe. [He goes out with impressive decorum, and spoils it by slamming the door savagely].

Eliza smiles for the first time; expresses her feelings by a wild pantomime in which an imitation of Higgins's exit is confused with her own triumph; and finally goes down on her knees on the hearthrug to look for the ring.

pertenecieran a mí en vez de al joyero, se las metería por su ingrata garganta. [Se las mete perfunctoriamente en los bolsillos, adornándose inconscientemente con los extremos salientes de las cadenas].

LIZA. [Quitándose un anillo]. Este anillo no es del joyero, es el que me compró en Brighton. Ahora no lo quiero. [Higgins arroja el anillo violentamente a la chimenea, y se vuelve hacia ella tan amenazadoramente que ella se agacha bajo el piano con las manos sobre la cara, y exclama]. No me pegue.

HIGGINS. ¡Pegarle! Criatura infame, ¿cómo se atreve a acusarme de tal cosa? Es usted quien me ha golpeado. Me ha herido en el corazón.

LIZA. [Emocionada por la alegría oculta]. Me alegro. De todos modos, me he recuperado un poco.

HIGGINS. [Con dignidad, en su mejor estilo profesional]. Me ha hecho perder los estribos, algo que casi nunca me había sucedido antes. Prefiero no decir nada más esta noche. Me voy a la cama.

LIZA. [Pertinaz]. Será mejor que le deje una nota a Mrs. Pearce sobre el café, porque yo no se lo diré.

HIGGINS. [Formalmente]. Maldita sea Mrs. Pearce, y maldito sea el café, y maldita sea usted, y maldita sea mi propia insensatez al haber prodigado *mi* conocimiento duramente ganado y el tesoro de mi estima e intimidad a una golfilla sin corazón. [Sale con un decoro impresionante, y lo estropea dando un portazo salvaje].

Eliza sonríe por primera vez; expresa sus sentimientos mediante una alocada pantomima en la que una imitación de la salida de Higgins se confunde con su propio triunfo; y finalmente se arrodilla en la chimenea para buscar el anillo.

ACT V

Mrs. Higgins's drawing-room. She is at her writing-table as before. The parlor-maid comes in.

THE PARLOR-MAID. [at the door] Mr. Henry, mam, is downstairs with Colonel Pickering.

MRS. HIGGINS. Well, show them up.

THE PARLOR-MAID. They're using the telephone, mam. Telephoning to the police, I think.

MRS. HIGGINS. What!

THE PARLOR-MAID. [coming further in and lowering her voice] Mr. Henry's in a state, mam. I thought I'd better tell you.

MRS. HIGGINS. If you had told me that Mr. Henry was not in a state it would have been more surprising. Tell them to come up when they've finished with the police. I suppose he's lost something.

THE PARLOR-MAID. Yes, maam [going].

MRS. HIGGINS. Go upstairs and tell Miss Doolittle that Mr. Henry and the Colonel are here. Ask her not to come down till I send for her.

THE PARLOR-MAID. Yes, mam.

Higgins bursts in. He is, as the parlor-maid has said, in a state.

HIGGINS. Look here, mother: here's a confounded thing!

MRS. HIGGINS. Yes, dear. Good-morning. [He checks his impatience and kisses her, whilst the parlor-maid goes out]. What is it?

HIGGINS. Eliza's bolted.

MRS. HIGGINS. [calmly continuing her writing] You must have frightened her.

ACT V

El salón de Mrs. Higgins. Ella está sentada frente al escritorio como antes. Entra la criada.

LA DONCELLA DE SALÓN. [En la puerta]. Mr. Henry, señora, está abajo con el Coronel Pickering.

MRS. HIGGINS. Bueno, que entren.

LA DONCELLA DE SALÓN. Están usando el teléfono, señora. Telefoneando a la policía, creo.

MRS. HIGGINS. ¡Qué!

LA DONCELLA DE SALÓN. [Acercándose y bajando la voz]. Mr. Henry se encuentra muy nervioso, señora. Pensé que sería mejor decírselo.

MRS. HIGGINS. Si me hubiera dicho que Mr. Henry no estaba muy nervioso habría sido más sorprendente. Dígales que suban cuando hayan terminado con la policía. Supongo que habrán perdido algo.

LA DONCELLA DE SALÓN. Sí, señora. [Se va].

MRS. HIGGINS. Suba y dígale a Miss Doolittle que Mr. Henry y el Coronel están aquí. Pídale que no baje hasta que yo la mande llamar.

LA DONCELLA DE SALÓN. Sí, señora.

Higgins irrumpe. Está, como ha dicho la criada, muy nervioso.

HIGGINS. Mira, madre, ¡ha sucedido algo muy confuso!

MRS. HIGGINS. Sí, querido. Buenos días. [Él controla su impaciencia y la besa, mientras la criada sale]. ¿Qué ocurre?

HIGGINS. Eliza se ha escapado.

MRS. HIGGINS. [Continuando tranquilamente su escritura]. Debes haberla asustado.

HIGGINS. Frightened her! nonsense! She was left last night, as usual, to turn out the lights and all that; and instead of going to bed she changed her clothes and went right off: her bed wasn't slept in. She came in a cab for her things before seven this morning; and that fool Mrs. Pearce let her have them without telling me a word about it. What am I to do?

MRS. HIGGINS. Do without, I'm afraid, Henry. The girl has a perfect right to leave if she chooses.

HIGGINS. [wandering distractedly across the room] But I can't find anything. I don't know what appointments I've got. I'm— [Pickering comes in. Mrs. Higgins puts down her pen and turns away from the writing-table].

PICKERING. [shaking hands] Good-morning, Mrs. Higgins. Has Henry told you? [He sits down on the ottoman].

HIGGINS. What does that ass of an inspector say? Have you offered a reward?

MRS. HIGGINS. [rising in indignant amazement] You don't mean to say you have set the police after Eliza?

HIGGINS. Of course. What are the police for? What else could we do? [He sits in the Elizabethan chair].

PICKERING. The inspector made a lot of difficulties. I really think he suspected us of some improper purpose.

MRS. HIGGINS. Well, of course he did. What right have you to go to the police and give the girl's name as if she were a thief, or a lost umbrella, or something? Really! [She sits down again, deeply vexed].

HIGGINS. But we want to find her.

PICKERING. We can't let her go like this, you know, Mrs. Higgins. What were we to do?

HIGGINS. ¡Asustarla! ¡Tonterías! La dejé anoche, como de costumbre, para que apagara las luces y todo eso; y en vez de irse a la cama se cambió de ropa y se fue directamente; no durmió en su cama. Vino en taxi a por sus cosas antes de las siete de esta mañana, y esa tonta de Mrs. Pearce se las dio sin decirme una palabra al respecto. ¿Qué voy a hacer?

MRS. HIGGINS. Prescindir de ella, me temo, Henry. La muchacha tiene perfecto derecho a marcharse si lo desea.

HIGGINS. [Paseando distraídamente por la habitación]. Pero no encuentro nada. No sé qué citas tengo. Estoy... [Pickering entra. Mrs. Higgins deja la pluma y se aparta del escritorio].

PICKERING. [Estrechando la mano]. Buenos días, Mrs. Higgins. ¿Se lo ha dicho Henry? [Se sienta en la otomana].

HIGGINS. ¿Qué dice ese asno de inspector? ¿Ha ofrecido una recompensa?

MRS. HIGGINS. [Levantándose indignada]. ¿No querrás decir que has puesto a la policía tras Eliza?

HIGGINS. Por supuesto. ¿Para qué está la policía? ¿Qué otra cosa podríamos hacer? [Se sienta en la silla isabelina].

PICKERING. El inspector puso muchas dificultades. Realmente creo que sospechaba que teníamos algún propósito impropio.

MRS. HIGGINS. Pues claro que sí. ¿Qué derecho tienen a ir a la policía y dar el nombre de la muchacha como si fuera una ladrona, o un paraguas perdido, o algo así? ¡De verdad! [Vuelve a sentarse, profundamente enfadada].

HIGGINS. Pero queremos encontrarla.

PICKERING. No podemos dejarla ir así, sabe, Mrs. Higgins. ¿Qué vamos a hacer?

MRS. HIGGINS. You have no more sense, either of you, than two children. Why—

The parlor-maid comes in and breaks off the conversation.

THE PARLOR-MAID. Mr. Henry: a gentleman wants to see you very particular. He's been sent on from Wimpole Street.

HIGGINS. Oh, bother! I can't see anyone now. Who is it?

THE PARLOR-MAID. A Mr. Doolittle, Sir.

PICKERING. Doolittle! Do you mean the dustman?

THE PARLOR-MAID. Dustman! Oh no, sir: a gentleman.

HIGGINS. [springing up excitedly] By George, Pick, it's some relative of hers that she's gone to. Somebody we know nothing about. [To the parlor-maid] Send him up, quick.

THE PARLOR-MAID. Yes, Sir. [She goes].

HIGGINS. [eagerly, going to his mother] Genteel relatives! now we shall hear something. [He sits down in the Chippendale chair].

MRS. HIGGINS. Do you know any of her people?

PICKERING. Only her father: the fellow we told you about.

THE PARLOR-MAID. [announcing] Mr. Doolittle. [She withdraws].

Doolittle enters. He is brilliantly dressed in a new fashionable frock-coat, with white waistcoat and grey trousers. A flower in his buttonhole, a dazzling silk hat, and patent leather shoes complete the effect. He is too concerned with the business he has come on to notice Mrs. Higgins. He walks straight to Higgins, and accosts him with vehement reproach.

DOOLITTLE. [indicating his own person] See here! Do you see this? You done this.

MRS. HIGGINS. No tienen más sentido común, ninguno de los dos, que dos niños. ¿Por qué...

La camarera entra e interrumpe la conversación.

LA DONCELLA DE SALÓN. Mr. Henry, un caballero quiere verle muy especialmente. Le han enviado desde Wimpole Street.

HIGGINS. ¡Oh, qué molestia! Ahora no puedo ver a nadie. ¿Quién es?

LA DONCELLA DE SALÓN. Un tal Mr. Doolittle, señor.

PICKERING. ¡Doolittle! ¿Se refiere al basurero?

LA DONCELLA DE SALÓN. ¡Basurero! Oh no, señor, es un caballero.

HIGGINS. [Levantándose excitado]. Cielos, Pick, es a lo de algún pariente suyo que ella se ha ido. Alguien de quien no sabemos nada. [A la doncella]. Hágale subir, rápido.

LA DONCELLA DE SALÓN. Sí, señor. [Ella se va].

HIGGINS. [Ansiosamente, yendo hacia su madre]. ¡Parientes de sociedad! Ahora oiremos algo. [Se sienta en la silla Chippendale].

MRS. HIGGINS. ¿Conoces a alguien de su familia?

PICKERING. Sólo a su padre, el tipo del que te hablamos.

LA DONCELLA DE SALÓN. [Anunciando]. Mr. Doolittle. [Se retira].

Entra Doolittle. Está brillantemente vestido con una nueva y moderna levita, con chaleco blanco y pantalones grises. Una flor en el ojal, un deslumbrante sombrero de seda y zapatos de charol completan el efecto. Está demasiado preocupado por el negocio al que ha venido como para fijarse en Mrs. Higgins. Camina directamente hacia Higgins y lo aborda con vehemente reproche.

DOOLITTLE. [Indicando su propia persona]. ¡Mire aquí! ¿Ve esto? Usted ha hecho esto.

HIGGINS. Done what, man?

DOOLITTLE. This, I tell you. Look at it. Look at this hat. Look at this coat.

PICKERING. Has Eliza been buying you clothes?

DOOLITTLE. Eliza! not she. Not half. Why would she buy me clothes?

MRS. HIGGINS. Good-morning, Mr. Doolittle. Won't you sit down?

DOOLITTLE. [taken aback as he becomes conscious that he has forgotten his hostess] Asking your pardon, ma'am. [He approaches her and shakes her proffered hand]. Thank you. [He sits down on the ottoman, on Pickering's right]. I am that full of what has happened to me that I can't think of anything else.

HIGGINS. What the dickens has happened to you?

DOOLITTLE. I shouldn't mind if it had only happened to me: anything might happen to anybody and nobody to blame but Providence, as you might say. But this is something that you done to me: yes, you, Henry Higgins.

HIGGINS. Have you found Eliza? That's the point.

DOOLITTLE. Have you lost her?

HIGGINS. Yes.

DOOLITTLE. You have all the luck, you have. I ain't found her; but she'll find me quick enough now after what you done to me.

MRS. HIGGINS. But what has my son done to you, Mr. Doolittle?

DOOLITTLE. Done to me! Ruined me. Destroyed my happiness. Tied me up and delivered me into the hands of middle class morality.

HIGGINS. [rising intolerantly and standing over Doolittle] You're rav-

HIGGINS. ¿Qué he hecho?

DOOLITTLE. Esto, le digo. Mírelo. Mire este sombrero. Mire este abrigo.

PICKERING. ¿Eliza le ha estado comprando ropa?

DOOLITTLE. ¡Eliza! Ella no. Ni por casualidad. ¿Por qué me compraría ropa?

MRS. HIGGINS. Buenos días, Mr. Doolittle. ¿No quiere sentarse?

DOOLITTLE. [Desconcertado al ser consciente de que se ha olvidado de su anfitriona]. Le pido perdón, señora. [Se acerca a ella y le estrecha la mano que le tiende]. Gracias. [Se sienta en la otomana, a la derecha de Pickering]. Estoy tan agobiado con lo que me ha pasado que no puedo pensar en otra cosa.

HIGGINS. ¿Qué demonios le ha pasado?

DOOLITTLE. No me importaría si sólo me hubiera pasado a mí: a cualquiera puede pasarle cualquier cosa y nadie tiene la culpa más que la Providencia, como podría decirse. Pero esto es algo que me ha hecho usted; sí, usted, Henry Higgins.

HIGGINS. ¿Ha encontrado a Eliza? De eso se trata.

DOOLITTLE. ¿La ha perdido?

HIGGINS. Sí.

DOOLITTLE. Tiene toda la suerte del mundo. No la he encontrado; pero me encontrará muy rápido ahora, después de lo que me ha hecho.

MRS. HIGGINS. ¿Pero qué le ha hecho mi hijo, Mr. Doolittle?

DOOLITTLE. ¡Lo que me ha hecho! Me arruinó. Ha destruido mi felicidad. Me ató y me entregó en manos de la moral de la clase media.

HIGGINS. [Levantándose intolerante y colocándose cerca de Doolittle].

ing. You're drunk. You're mad. I gave you five pounds. After that I had two conversations with you, at half-a-crown an hour. I've never seen you since.

DOOLITTLE. Oh! Drunk! am I? Mad! am I? Tell me this. Did you or did you not write a letter to an old blighter in America that was giving five millions to found Moral Reform Societies all over the world, and that wanted you to invent a universal language for him?

HIGGINS. What! Ezra D. Wannafeller! He's dead. [He sits down again carelessly].

DOOLITTLE. Yes: he's dead; and I'm done for. Now did you or did you not write a letter to him to say that the most original moralist at present in England, to the best of your knowledge, was Alfred Doolittle, a common dustman.

HIGGINS. Oh, after your last visit I remember making some silly joke of the kind.

DOOLITTLE. Ah! you may well call it a silly joke. It put the lid on me right enough. Just give him the chance he wanted to show that Americans is not like us: that they recognize and respect merit in every class of life, however humble. Them words is in his blooming will, in which, Henry Higgins, thanks to your silly joking, he leaves me a share in his Pre-digested Cheese Trust worth three thousand a year on condition that I lecture for his Wannafeller Moral Reform World League as often as they ask me up to six times a year.

HIGGINS. The devil he does! Whew! [Brightening suddenly] What a lark!

PICKERING. A safe thing for you, Doolittle. They won't ask you twice.

DOOLITTLE. It ain't the lecturing I mind. I'll lecture them blue in the face, I will, and not turn a hair. It's making a gentleman of me that I object to. Who asked him to make a gentleman of me? I was happy. I was free. I touched pretty nigh everybody for money when I

Está delirando. Está borracho. Está loco. Le di cinco libras. Después de eso tuve dos conversaciones con usted, a media corona la hora. No le he vuelto a ver desde entonces.

DOOLITTLE. ¡Oh! ¡Borracho! ¿Lo estoy? ¡Loco! ¿Lo estoy? Dígame una cosa. ¿Escribió o no una carta a un vejestorio en América que estaba dando cinco millones para fundar Sociedades de Reforma Moral por todo el mundo, y que quería que usted inventara un lenguaje universal para él?

HIGGINS. ¡Qué! ¡Ezra D. Wannafeller! Está muerto. [Se sienta de nuevo descuidadamente].

DOOLITTLE. Sí, está muerto, y yo estoy acabado. Ahora bien, ¿usted le escribió o no una carta para decirle que el moralista más original que hay actualmente en Inglaterra, según su leal saber y entender, es Alfred Doolittle, un vulgar basurero.

HIGGINS. Oh, después de su última visita recuerdo haber hecho alguna broma tonta de ese tipo.

DOOLITTLE. ¡Ah! Bien puede llamarlo una broma tonta. Me puso los pelos de punta. Sólo le dio la oportunidad que quería para demostrar que los americanos no son como nosotros, que reconocen y respetan el mérito en cualquier clase de vida, por humilde que sea. Esas palabras están en su maldito testamento, en el que, Henry Higgins, gracias a su tonta broma, me deja una participación en su Fideicomiso de Queso Predigerido por valor de tres mil al año con la condición de que yo dé conferencias para su Liga Mundial de la Reforma Moral Wannafeller tanto como me lo pidan, hasta seis veces al año.

HIGGINS. ¡Al diablo con él! ¡Uf! [Dándose de cuenta repentinamente]. ¡Qué divertido!

PICKERING. Algo seguro para usted, Doolittle. No se lo pedirán dos veces.

DOOLITTLE. No son las conferencias lo que me molesta. Puedo darles un sermón y no se me moverá un pelo. Es hacer de mí un caballero a lo que me opongo. ¿Quién le pidió que hiciera de mí un caballero? Yo era feliz. Yo era libre. Pedí dinero a casi todo el mundo cuando lo quise,

wanted it, same as I touched you, Henry Higgins. Now I am worrited; tied neck and heels; and everybody touches me for money. It's a fine thing for you, says my solicitor. Is it? says I. You mean it's a good thing for you, I says. When I was a poor man and had a solicitor once when they found a pram in the dust cart, he got me off, and got shut of me and got me shut of him as quick as he could. Same with the doctors: used to shove me out of the hospital before I could hardly stand on my legs, and nothing to pay. Now they finds out that I'm not a healthy man and can't live unless they looks after me twice a day. In the house I'm not let do a hand's turn for myself: somebody else must do it and touch me for it. A year ago I hadn't a relative in the world except two or three that wouldn't speak to me. Now I've fifty, and not a decent week's wages among the lot of them. I have to live for others and not for myself: that's middle class morality. You talk of losing Eliza. Don't you be anxious: I bet she's on my doorstep by this: she that could support herself easy by selling flowers if I wasn't respectable. And the next one to touch me will be you, Henry Higgins. I'll have to learn to speak middle class language from you, instead of speaking proper English. That's where you'll come in; and I daresay that's what you done it for.

MRS. HIGGINS. But, my dear Mr. Doolittle, you need not suffer all this if you are really in earnest. Nobody can force you to accept this bequest. You can repudiate it. Isn't that so, Colonel Pickering?

PICKERING. I believe so.

DOOLITTLE. [softening his manner in deference to her sex] That's the tragedy of it, ma'am. It's easy to say chuck it; but I haven't the nerve. Which one of us has? We're all intimidated. Intimidated, ma'am: that's what we are. What is there for me if I chuck it but the workhouse in my old age? I have to dye my hair already to keep my job as a dustman. If I was one of the deserving poor, and had put by a bit, I could chuck it; but then why should I, acause the deserving poor might as well be millionaires for all the happiness they ever has. They don't know what happiness is. But I, as one of the undeserving poor, have nothing between me and the pauper's uniform but this here blasted three thousand a year that shoves me into the middle class. (Excuse the expression, ma'am: you'd use it yourself

igual que se lo pedí a usted, Henry Higgins. Ahora estoy preocupado; atado de pies y manos, y todo el mundo me pide dinero. Es algo bueno para usted, dice mi abogado. ¿Lo es? digo yo. Querrá decir que es algo bueno para usted, le digo yo. Cuando yo era pobre y tenía un abogado, una vez que encontraron un cochecito de niño en el carro de basurero, me sacó de allí y me hizo callar tan rápido como pudo. Lo mismo con los médicos: solían echarme del hospital antes de que apenas pudiera sostenerme sobre mis piernas, y nada que pagar. Ahora descubren que no soy un hombre sano y que no puedo vivir a menos que me atiendan dos veces al día. En casa no me dejan ni mover la mano por mí mismo: tiene que hacerlo otro y pedirme dinero por ello. Hace un año no tenía ni un pariente en el mundo, salvo dos o tres que no me hablaban. Ahora tengo cincuenta, y ni una semana de sueldo decente entre todos ellos. Tengo que vivir para los demás y no para mí: ésa es la moral de la clase media. Usted habla de perder a Eliza. No se angustie, apuesto a que ya está en mi puerta; ella que podría mantenerse fácilmente vendiendo flores si yo no fuera respetable. Y el próximo en pedirme dinero será usted, Henry Higgins. Tendré que aprender de usted a hablar el lenguaje de la clase media, en lugar de hablar un inglés correcto. Ahí es donde entrará usted; y me atrevo a decir que es a causa de eso que ha hecho esto.

MRS. HIGGINS. Pero, mi querido Mr. Doolittle, no necesita sufrir todo esto si realmente lo dice en serio. Nadie puede obligarle a aceptar ese legado. Puede repudiarlo. ¿No es así, Coronel Pickering?

PICKERING. Así lo creo.

DOOLITTLE. [Suavizando sus modales en deferencia a su sexo]. Eso es lo trágico, señora. Es fácil decir que lo deje, pero no tengo el valor. ¿Quién de nosotros lo tiene? Todos estamos intimidados. Intimidados, señora, así estamos. ¿Qué hay para mí si lo dejo sino el asilo en mi vejez? Ya tengo que teñirme el pelo para conservar mi trabajo de basurero. Si fuera uno de los pobres que lo merecen y hubiera ganado algo, podría dejarlo, pero entonces, ¿por qué debería hacerlo? Porque los pobres que lo merecen bien podrían ser millonarios por toda la felicidad que tienen. Ellos no saben lo que es la felicidad. Pero yo, como uno de los pobres no merecedores, no tengo nada entre mí y el uniforme de indigente salvo estas malditas tres mil libras al año que me empujan a la clase media. (Disculpe la expresión, señora, usted misma la usaría

if you had my provocation). They've got you every way you turn: it's a choice between the Skilly of the workhouse and the Char Bydis of the middle class; and I haven't the nerve for the workhouse. Intimidated: that's what I am. Broke. Bought up. Happier men than me will call for my dust, and touch me for their tip; and I'll look on helpless, and envy them. And that's what your son has brought me to. [He is overcome by emotion].

MRS. HIGGINS. Well, I'm very glad you're not going to do anything foolish, Mr. Doolittle. For this solves the problem of Eliza's future. You can provide for her now.

DOOLITTLE. [with melancholy resignation] Yes, ma'am; I'm expected to provide for everyone now, out of three thousand a year.

HIGGINS. [jumping up] Nonsense! he can't provide for her. He shan't provide for her. She doesn't belong to him. I paid him five pounds for her. Doolittle: either you're an honest man or a rogue.

DOOLITTLE. [tolerantly] A little of both, Henry, like the rest of us: a little of both.

HIGGINS. Well, you took that money for the girl; and you have no right to take her as well.

MRS. HIGGINS. Henry: don't be absurd. If you really want to know where Eliza is, she is upstairs.

HIGGINS. [amazed] Upstairs!!! Then I shall jolly soon fetch her downstairs. [He makes resolutely for the door].

MRS. HIGGINS. [rising and following him] Be quiet, Henry. Sit down.

HIGGINS. I—

MRS. HIGGINS. Sit down, dear; and listen to me.

HIGGINS. Oh very well, very well, very well. [He throws himself ungraciously on the ottoman, with his face towards the windows]. But I

si estuviera provocado, como lo estoy yo). Le tienen a uno por todas partes: hay que elegir entre el Skilly del asilo y el Char Bydis de la clase media; y yo no tengo valor para el asilo. Intimidado, así es como me siento. Quebrado. Comprado. Hombres más felices que yo pedirán mi basura, y me pedirán su propina; y yo los miraré indefenso, y los envidiaré. Y a eso me ha llevado su hijo. [Le invade la emoción].

MRS. HIGGINS. Me alegro mucho de que no vaya a hacer ninguna tontería, Mr. Doolittle. Porque esto resuelve el problema del futuro de Eliza. Ahora puede mantenerla.

DOOLITTLE. [Con melancólica resignación]. Sí, señora; ahora se espera de mí que mantenga a todos, con tres mil libras al año.

HIGGINS. [Saltando]. ¡Tonterías! Él no tiene que mantenerla. No puede mantenerla. Ella no le pertenece. Le pagué cinco libras por ella. Doolittle, o usted es un hombre honesto o un granuja.

DOOLITTLE. [Con tolerancia]. Un poco de ambos, Henry, como el resto de nosotros, un poco de ambos.

HIGGINS. Bueno, usted tomó ese dinero por la muchacha, y no tiene derecho a tomarla a ella también.

MRS. HIGGINS. Henry, no seas absurdo. Si de verdad quieres saber dónde está Eliza, está arriba.

HIGGINS. [Asombrado]. ¡¡¡Arriba!!! Entonces no tardaré en traerla abajo. [Se dirige resueltamente hacia la puerta].

MRS. HIGGINS. [Levantándose y siguiéndole]. Quédate quieto, Henry. Siéntate.

HIGGINS. Yo...

MRS. HIGGINS. Siéntate, querido, y escúchame.

HIGGINS. Oh, muy bien, muy bien, muy bien. [Se echa sin gracia sobre la otomana, con la cara hacia las ventanas]. Pero creo que podrías ha-

think you might have told me this half an hour ago.

MRS. HIGGINS. Eliza came to me this morning. She passed the night partly walking about in a rage, partly trying to throw herself into the river and being afraid to, and partly in the Carlton Hotel. She told me of the brutal way you two treated her.

HIGGINS. [bounding up again] What!

PICKERING. [rising also] My dear Mrs. Higgins, she's been telling you stories. We didn't treat her brutally. We hardly said a word to her; and we parted on particularly good terms. [Turning on Higgins]. Higgins: did you bully her after I went to bed?

HIGGINS. Just the other way about. She threw my slippers in my face. She behaved in the most outrageous way. I never gave her the slightest provocation. The slippers came bang into my face the moment I entered the room—before I had uttered a word. And used perfectly awful language.

PICKERING. [astonished] But why? What did we do to her?

MRS. HIGGINS. I think I know pretty well what you did. The girl is naturally rather affectionate, I think. Isn't she, Mr. Doolittle?

DOOLITTLE. Very tender-hearted, ma'am. Takes after me.

MRS. HIGGINS. Just so. She had become attached to you both. She worked very hard for you, Henry! I don't think you quite realize what anything in the nature of brain work means to a girl like that. Well, it seems that when the great day of trial came, and she did this wonderful thing for you without making a single mistake, you two sat there and never said a word to her, but talked together of how glad you were that it was all over and how you had been bored with the whole thing. And then you were surprised because she threw your slippers at you! I should have thrown the fire-irons at you.

berme dicho esto hace media hora.

MRS. HIGGINS. Eliza vino a verme esta mañana. Pasó la noche en parte caminando furiosa, en parte intentando arrojarse al río y teniendo miedo de hacerlo, y en parte en el Hotel Carlton. Me habló de la forma brutal en que ustedes dos la trataron.

HIGGINS. [Saltando de nuevo]. ¡Qué!

PICKERING. [Levantándose también]. Mi querida Mrs. Higgins, le ha estado contando historias. No la tratamos brutalmente. Apenas le dirijimos la palabra y nos separamos en términos particularmente buenos. [Volviéndose hacia Higgins]. Higgins, ¿la acosó después de que me fuera a la cama?

HIGGINS. Todo lo contrario. Me tiró las zapatillas a la cara. Se comportó de la manera más escandalosa. Nunca le hice la más mínima provocación. Me tiró las zapatillas a la cara en cuanto entré en la habitación, antes de que yo hubiera pronunciado una palabra. Y utilizó un lenguaje perfectamente horrible.

PICKERING. [Asombrado]. ¿Pero por qué? ¿Qué le hemos hecho?

MRS. HIGGINS. Creo que sé bastante bien lo que han hecho. La muchacha es bastante cariñosa por naturaleza, creo. ¿No lo es, Mr. Doolittle?

DOOLITTLE. Muy tierna de corazón, señora. Sale a mí.

MRS. HIGGINS. Así es. Se había encariñado con ustedes dos. Trabajó muy duro por ti, Henry. No creo que te des cuenta de lo que significa para una muchacha así lo que sea que tenga como naturaleza el trabajo cerebral. Bueno, parece que cuando llegó el gran día de la prueba, y ella hizo esta cosa maravillosa por ti sin cometer ni un solo error, ustedes dos se sentaron allí y no le dijeron ni una palabra, sino que hablaron entre ustedes de lo contentos que estaban de que todo hubiera terminado y de cómo se habían aburrido con todo el asunto. ¡Y luego te sorprendiste porque ella te tiró las zapatillas! Yo te habría tirado los hierros del fuego.

HIGGINS. We said nothing except that we were tired and wanted to go to bed. Did we, Pick?

PICKERING. [shrugging his shoulders] That was all.

MRS. HIGGINS. [ironically] Quite sure?

PICKERING. Absolutely. Really, that was all.

MRS. HIGGINS. You didn't thank her, or pet her, or admire her, or tell her how splendid she'd been.

HIGGINS. [impatiently] But she knew all about that. We didn't make speeches to her, if that's what you mean.

PICKERING. [conscience stricken] Perhaps we were a little inconsiderate. Is she very angry?

MRS. HIGGINS. [returning to her place at the writing-table] Well, I'm afraid she won't go back to Wimpole Street, especially now that Mr. Doolittle is able to keep up the position you have thrust on her; but she says she is quite willing to meet you on friendly terms and to let bygones be bygones.

HIGGINS. [furious] Is she, by George? Ho!

MRS. HIGGINS. If you promise to behave yourself, Henry, I'll ask her to come down. If not, go home; for you have taken up quite enough of my time.

HIGGINS. Oh, all right. Very well. Pick: you behave yourself. Let us put on our best Sunday manners for this creature that we picked out of the mud. [He flings himself sulkily into the Elizabethan chair].

DOOLITTLE. [remonstrating] Now, now, Henry Higgins! have some consideration for my feelings as a middle class man.

MRS. HIGGINS. Remember your promise, Henry. [She presses the bell-button on the writing-table]. Mr. Doolittle: will you be so good as to step out on the balcony for a moment. I don't want Eliza to have the

HIGGINS. No dijimos nada excepto que estábamos cansados y queríamos irnos a la cama. ¿No es así, Pick?

PICKERING. [Encogiéndose de hombros]. Eso fue todo.

MRS. HIGGINS. [Irónicamente] ¿Está bien seguro?

PICKERING. Absolutamente. Realmente, eso fue todo.

MRS. HIGGINS. No le dio las gracias, ni le dio una palmada, ni la admiró, ni le dijo lo espléndida que había estado.

HIGGINS. [Impaciente]. Pero ella sabía todo eso. No le djimos un discurso, si a eso te refieres.

PICKERING. [Con cargo de conciencia]. Quizá fuimos un poco desconsiderados. ¿Está muy enfadada?

MRS. HIGGINS. [Volviendo a su lugar en el escritorio]. Bueno, me temo que no volverá a Wimpole Street, sobre todo ahora que Mr. Doolittle puede mantener el puesto que tú le has impuesto, pero dice que está muy dispuesta a reunirse con ustedes en términos amistosos y dejar el pasado en el pasado.

HIGGINS. [Furioso]. ¿Es así, cielos? ¡Oh!

MRS. HIGGINS. Si prometes portarte bien, Henry, le pediré que baje. Si no, vete a casa; porque ya me has robado bastante tiempo.

HIGGINS. Muy bien. Muy bien. Pick, pórtese bien. Pongamos nuestros mejores modales de domingo para esta criatura que hemos recogido del barro. [Se arroja enfurruñado en la silla isabelina].

DOOLITTLE. [Protestando]. ¡Ya, ya, Henry Higgins! Tenga alguna consideración por mis sentimientos de hombre de clase media.

MRS. HIGGINS. Recuerda tu promesa, Henry. [Pulsa el botón del timbre del escritorio]. Mr. Doolittle: ¿sería tan amable de salir un momento al balcón? No quiero que Eliza sufra el impacto de sus noticias hasta que

shock of your news until she has made it up with these two gentlemen. Would you mind?

DOOLITTLE. As you wish, lady. Anything to help Henry to keep her off my hands. [He disappears through the window].

The parlor-maid answers the bell. Pickering sits down in Doolittle's place.

MRS. HIGGINS. Ask Miss Doolittle to come down, please.

THE PARLOR-MAID. Yes, mam. [She goes out].

MRS. HIGGINS. Now, Henry: be good.

HIGGINS. I am behaving myself perfectly.

PICKERING. He is doing his best, Mrs. Higgins.

A pause. Higgins throws back his head; stretches out his legs; and begins to whistle.

MRS. HIGGINS. Henry, dearest, you don't look at all nice in that attitude.

HIGGINS. [pulling himself together] I was not trying to look nice, mother.

MRS. HIGGINS. It doesn't matter, dear. I only wanted to make you speak.

HIGGINS. Why?

MRS. HIGGINS. Because you can't speak and whistle at the same time.

Higgins groans. Another very trying pause.

HIGGINS. [springing up, out of patience] Where the devil is that girl? Are we to wait here all day?

Eliza enters, sunny, self-possessed, and giving a staggeringly convincing exhibition of ease of manner. She carries a little work-basket,

se haya reconciliado con estos dos caballeros. ¿Le importaría?

DOOLITTLE. Como desee, señora. Cualquier cosa que ayude a Henry a alejarla de mis manos. [Se va por la puerta-ventana].

La doncella de salón contesta al timbre. Pickering se sienta en el lugar de Doolittle.

MRS. HIGGINS. Pídale a Miss Doolittle que baje, por favor.

LA DONCELLA DE SALÓN. Sí, señora. [Sale].

MRS. HIGGINS. Ahora, Henry, pórtate bien.

HIGGINS. Me estoy comportando perfectamente.

PICKERING. Hace lo que puede, Mrs. Higgins.

Una pausa. Higgins echa la cabeza hacia atrás, estira las piernas y empieza a silbar.

MRS. HIGGINS. Henry, querido, no te ves nada bien en esa actitud.

HIGGINS. [Recomponiéndose]. No intentaba quedar bien, madre.

MRS. HIGGINS. No importa, querido. Sólo quería hacerte hablar.

HIGGINS. ¿Por qué?

MRS. HIGGINS. Porque no se puede hablar y silbar al mismo tiempo.

Higgins gime. Otra pausa muy tensa.

HIGGINS. [Levantándose, impaciente]. ¿Dónde diablos está esa muchacha? ¿Vamos a esperar aquí todo el día?

Eliza entra, floreciente, dueña de sí misma y dando una muestra asombrosamente convincente de desenvoltura. Lleva una pequeña ces-

and is very much at home. Pickering is too much taken aback to rise.

LIZA. How do you do, Professor Higgins? Are you quite well?

HIGGINS. [choking] Am I— [He can say no more].

LIZA. But of course you are: you are never ill. So glad to see you again, Colonel Pickering. [He rises hastily; and they shake hands]. Quite chilly this morning, isn't it? [She sits down on his left. He sits beside her].

HIGGINS. Don't you dare try this game on me. I taught it to you; and it doesn't take me in. Get up and come home; and don't be a fool.

Eliza takes a piece of needlework from her basket, and begins to stitch at it, without taking the least notice of this outburst.

MRS. HIGGINS. Very nicely put, indeed, Henry. No woman could resist such an invitation.

HIGGINS. You let her alone, mother. Let her speak for herself. You will jolly soon see whether she has an idea that I haven't put into her head or a word that I haven't put into her mouth. I tell you I have created this thing out of the squashed cabbage leaves of Covent Garden; and now she pretends to play the fine lady with me.

MRS. HIGGINS. [placidly] Yes, dear; but you'll sit down, won't you?

Higgins sits down again, savagely.

LIZA. [to Pickering, taking no apparent notice of Higgins, and working away deftly] Will you drop me altogether now that the experiment is over, Colonel Pickering?

PICKERING. Oh don't. You mustn't think of it as an experiment. It shocks me, somehow.

LIZA. Oh, I'm only a squashed cabbage leaf.

ta de trabajo y está muy a gusto. Pickering está demasiado desconcertado como para levantarse.

LIZA. ¿Cómo está usted, Profesor Higgins? ¿Se encuentra bastante bien?

HIGGINS. [Ahogándose]. ¿Si estoy...? [No puede decir más].

LIZA. Por supuesto que sí, usted nunca está enfermo. Me alegro de volver a verle, Coronel Pickering. [Se levanta apresuradamente, y se dan la mano]. Hace bastante frío esta mañana, ¿verdad? [Ella se sienta a su izquierda. Él se sienta a su lado].

HIGGINS. No se atreva a intentar este juego conmigo. Yo se lo enseñé, y usted no me acepta. Póngase de pie y vuelve a casa, y no sea tonta.

Eliza coge una tela de su cesta y se pone a coserla, sin reparar en lo más mínimo este arrebato.

MRS. HIGGINS. Muy bien dicho, en efecto, Henry. Ninguna mujer podría resistirse a una invitación así.

HIGGINS. Déjala en paz, madre. Déjala que hable por sí misma. Verás muy pronto si tiene una idea que yo no le haya metido en la cabeza o una palabra que yo no haya puesto en su boca. Te digo que he creado esta cosa a partir de las hojas de col aplastadas de Covent Garden; y ahora ella pretende jugar a la dama fina conmigo.

MRS. HIGGINS. [Plácidamente]. Sí, querido, pero te sentarás, ¿verdad?

Higgins se sienta de nuevo, salvajemente.

LIZA. [A Pickering, sin hacer caso aparente de Higgins, y trabajando con destreza]. ¿Me dejará de lado ahora que el experimento ha terminado, Coronel Pickering?

PICKERING. Oh, no. No debe pensar en ello como si fuera un experimento. Me choca, de alguna manera.

LIZA. Oh, sólo soy una hoja de col aplastada...

PICKERING. [impulsively] No.

LIZA. [continuing quietly]—but I owe so much to you that I should be very unhappy if you forgot me.

PICKERING. It's very kind of you to say so, Miss Doolittle.

LIZA. It's not because you paid for my dresses. I know you are generous to everybody with money. But it was from you that I learnt really nice manners; and that is what makes one a lady, isn't it? You see it was so very difficult for me with the example of Professor Higgins always before me. I was brought up to be just like him, unable to control myself, and using bad language on the slightest provocation. And I should never have known that ladies and gentlemen didn't behave like that if you hadn't been there.

HIGGINS. Well!!

PICKERING. Oh, that's only his way, you know. He doesn't mean it.

LIZA. Oh, I didn't mean it either, when I was a flower girl. It was only my way. But you see I did it; and that's what makes the difference after all.

PICKERING. No doubt. Still, he taught you to speak; and I couldn't have done that, you know.

LIZA. [trivially] Of course: that is his profession.

HIGGINS. Damnation!

LIZA. [continuing] It was just like learning to dance in the fashionable way: there was nothing more than that in it. But do you know what began my real education?

PICKERING. What?

LIZA. [stopping her work for a moment] Your calling me Miss Doolittle that day when I first came to Wimpole Street. That was the beginning of self-respect for me. [She resumes her stitching]. And there

PICKERING. [Impulsivamente] No.

LIZA. [Continúa en voz baja]. ...pero le debo tanto que me sentiría muy desgraciada si lo olvidara.

PICKERING. Es muy amable por su parte decirlo, Miss Doolittle.

LIZA. No es porque haya pagado por mis vestidos. Sé que usted es generoso con todos con su dinero. Pero fue de usted de quien aprendí modales realmente agradables; y eso es lo que hace de una una dama, ¿no? Ya ve que fue muy difícil para mí con el ejemplo del Profesor Higgins siempre ante mí. Me educaron para ser igual que él, incapaz de controlarme y usando malas palabras a la menor provocación. Y nunca habría sabido que las damas y los caballeros no se comportaban así si usted no hubiera estado allí.

HIGGINS. ¡¡Bueno!!

PICKERING. Oh, esa es sólo su manera, ya sabe. Él no lo dice en serio.

LIZA. Oh, yo tampoco lo decía en serio cuando era florista. Es sólo que esa era mi manera. Pero ya ve que logré hacerlo, y eso es lo que marca la diferencia después de todo.

PICKERING. Sin duda. Aún así, él le enseñó a hablar; y yo no podría haberlo hecho, ¿sabe?

LIZA. [Trivialmente]. Por supuesto; ésa es su profesión.

HIGGINS. ¡Maldición!

LIZA. [Continúa]. Era como aprender a bailar a la moda, no había nada más que eso en ello. Pero, ¿sabe qué fue lo que inició mi verdadera educación?

PICKERING. ¿Qué?

LIZA. [Detiene su trabajo un momento]. Que usted me llamara Miss Doolittle aquel día cuando llegué por primera vez a Wimpole Street. Ese fue el comienzo del amor propio en mí. [Reanuda su costura]. Y había

were a hundred little things you never noticed, because they came naturally to you. Things about standing up and taking off your hat and opening doors—

PICKERING. Oh, that was nothing.

LIZA. Yes: things that showed you thought and felt about me as if I were something better than a scullery-maid; though of course I know you would have been just the same to a scullery-maid if she had been let in the drawing-room. You never took off your boots in the dining room when I was there.

PICKERING. You mustn't mind that. Higgins takes off his boots all over the place.

LIZA. I know. I am not blaming him. It is his way, isn't it? But it made such a difference to me that you didn't do it. You see, really and truly, apart from the things anyone can pick up (the dressing and the proper way of speaking, and so on), the difference between a lady and a flower girl is not how she behaves, but how she's treated. I shall always be a flower girl to Professor Higgins, because he always treats me as a flower girl, and always will; but I know I can be a lady to you, because you always treat me as a lady, and always will.

MRS. HIGGINS. Please don't grind your teeth, Henry.

PICKERING. Well, this is really very nice of you, Miss Doolittle.

LIZA. I should like you to call me Eliza, now, if you would.

PICKERING. Thank you. Eliza, of course.

LIZA. And I should like Professor Higgins to call me Miss Doolittle.

HIGGINS. I'll see you damned first.

MRS. HIGGINS. Henry! Henry!

PICKERING. [laughing] Why don't you slang back at him? Don't stand it.

cientos de pequeñas cosas en las que usted nunca se fijaba, porque le salían de forma natural. Cosas como ponerse de pie y quitarse el sombrero y abrir puertas...

PICKERING. Oh, eso no fue nada.

LIZA. Sí, cosas que demostraban que usted pensaba y sentía por mí como si yo fuera algo mejor que una criada; aunque por supuesto sé que habría sido igual con una criada si la hubieran dejado entrar en el salón. Usted nunca se quitaba las botas en la sala de estar cuando yo estaba allí.

PICKERING. No debe importarle. Higgins se quita las botas en todas partes.

LIZA. Lo sé. No le estoy culpando. Es su forma de ser, ¿no? Pero para mí fue muy importante que no lo hiciera. Verá, en realidad, aparte de las cosas que cualquiera puede captar (la forma de vestir y de hablar, etc.), la diferencia entre una dama y una florista no es cómo se comporta, sino cómo se la trata. Siempre seré una florista para el Profesor Higgins, porque él siempre me trata como a una florista, y siempre lo hará; pero sé que puedo ser una dama para usted, porque usted siempre me trata como a una dama, y siempre lo hará.

MRS. HIGGINS. Por favor, no rechines los dientes, Henry.

PICKERING. Es muy amable por su parte, Miss Doolittle.

LIZA. Me gustaría que me llamara Eliza, ahora, si quiere.

PICKERING. Gracias. Eliza, por supuesto.

LIZA. Y me gustaría que el Profesor Higgins me llamara Miss Doolittle.

HIGGINS. Antes que la condenen.

MRS. HIGGINS. ¡Henry! ¡Henry!

PICKERING. [Riendo]. ¿Por qué no le contesta con lenguaje vulgar? No lo

It would do him a lot of good.

LIZA. I can't. I could have done it once; but now I can't go back to it. Last night, when I was wandering about, a girl spoke to me; and I tried to get back into the old way with her; but it was no use. You told me, you know, that when a child is brought to a foreign country, it picks up the language in a few weeks, and forgets its own. Well, I am a child in your country. I have forgotten my own language, and can speak nothing but yours. That's the real break-off with the corner of Tottenham Court Road. Leaving Wimpole Street finishes it.

PICKERING. [much alarmed] Oh! but you're coming back to Wimpole Street, aren't you? You'll forgive Higgins?

HIGGINS. [rising] Forgive! Will she, by George! Let her go. Let her find out how she can get on without us. She will relapse into the gutter in three weeks without me at her elbow.

Doolittle appears at the centre window. With a look of dignified reproach at Higgins, he comes slowly and silently to his daughter, who, with her back to the window, is unconscious of his approach.

PICKERING. He's incorrigible, Eliza. You won't relapse, will you?

LIZA. No: Not now. Never again. I have learnt my lesson. I don't believe I could utter one of the old sounds if I tried. [Doolittle touches her on her left shoulder. She drops her work, losing her self-possession utterly at the spectacle of her father's splendor] A—a—a—a—a—ah—ow—ooh!

HIGGINS. [with a crow of triumph] Aha! Just so. A—a—a—a—ahowooh! A—a—a—a—ahowooh ! A—a—a—a—ahowooh! Victory! Victory! [He throws himself on the divan, folding his arms, and spraddling arrogantly].

DOOLITTLE. Can you blame the girl? Don't look at me like that, Eliza. It ain't my fault. I've come into money.

LIZA. You must have touched a millionaire this time, dad.

soporta. Le haría mucho bien.

LIZA. No puedo. Pude hacerlo antes, pero ahora no puedo volver a ello. Anoche, cuando deambulaba por ahí, una muchacha me habló, e intenté volver a hablar como lo hacía con ella, pero fue inútil. Usted me dijo, ¿sabe?, que cuando un niño es llevado a un país extranjero, adopta el idioma en pocas semanas y olvida el suyo. Pues bien, yo soy una niña en su país. He olvidado mi propio idioma y no puedo hablar nada más que el suyo. Esa es la verdadera ruptura con la esquina de Tottenham Court Road. Haber estado en Wimpole Street lo terminó.

PICKERING. [Muy alarmado]. ¡Oh! Pero va a volver a Wimpole Street, ¿verdad? ¿Perdonará a Higgins?

HIGGINS. [Levantándose]. ¡Perdonar! ¿Lo hará, cielos? Déjala ir. Déjala que averigüe cómo puede salir adelante sin nosotros. Ella recaerá en la cuneta en tres semanas sin mí junto a ella.

Doolittle aparece en la puerta-ventana central. Con una mirada de digno reproche a Higgins, se acerca lenta y silenciosamente a su hija, que, de espaldas a la ventana, es inconsciente que él se aproxima.

PICKERING. Es incorregible, Eliza. No recaerá, ¿verdad?

LIZA. No. Ya no. Nunca más. He aprendido la lección. No creo que pudiera pronunciar ninguno de esos viejos sonidos aún si lo intentara. [Doolittle la toca en el hombro izquierdo. Ella deja caer su trabajo, perdiendo totalmente la compostura ante el espectáculo del esplendor de su padre] ¡A-a-a-a-ah-oh-ooh!

HIGGINS. [Con un cacareo de triunfo]. ¡Ajá! Justo así. ¡A-a-a-ahohooh! ¡A-a-a-ahohooh! ¡A-a-a-ahohooh! ¡Victoria! ¡Victoria! [Se arroja sobre el diván, cruzándose de brazos y abriendo sus piernas arrogantemente].

DOOLITTLE. ¿Puede culpar a la muchacha? No me mires así, Eliza. No es culpa mía. Me he hecho con dinero.

LIZA. Esta vez has pedido dinero a un millonario, papá.

DOOLITTLE. I have. But I'm dressed something special today. I'm going to St. George's, Hanover Square. Your stepmother is going to marry me.

LIZA. [angrily] You're going to let yourself down to marry that low common woman!

PICKERING. [quietly] He ought to, Eliza. [To Doolittle] Why has she changed her mind?

DOOLITTLE. [sadly] Intimidated, Governor. Intimidated. Middle class morality claims its victim. Won't you put on your hat, Liza, and come and see me turned off?

LIZA. If the Colonel says I must, I—I'll [almost sobbing] I'll demean myself. And get insulted for my pains, like enough.

DOOLITTLE. Don't be afraid: she never comes to words with anyone now, poor woman! respectability has broke all the spirit out of her.

PICKERING. [squeezing Eliza's elbow gently] Be kind to them, Eliza. Make the best of it.

LIZA. [forcing a little smile for him through her vexation] Oh well, just to show there's no ill feeling. I'll be back in a moment. [She goes out].

DOOLITTLE. [sitting down beside Pickering] I feel uncommon nervous about the ceremony, Colonel. I wish you'd come and see me through it.

PICKERING. But you've been through it before, man. You were married to Eliza's mother.

DOOLITTLE. Who told you that, Colonel?

PICKERING. Well, nobody told me. But I concluded naturally—

DOOLITTLE. No: that ain't the natural way, Colonel: it's only the middle class way. My way was always the undeserving way. But don't say

DOOLITTLE. Así es. Pero hoy voy vestido de forma especial. Voy a St. George, en Hanover Square. Tu madrastra se va a casar conmigo.

LIZA. [Enfadada]. ¡Vas a dejarte abatir y casarte con esa mujer vulgar!

PICKERING. [En voz baja]. Debía hacerlo, Eliza. [A Doolittle]. ¿Por qué ha cambiado de opinión?

DOOLITTLE. [Tristemente]. Intimidado, Gobernador. Intimidado. La moralidad de la clase media se cobra su víctima. ¿No te pones un sombrero, Liza, y vienes a verme en mi ocaso?

LIZA. Si el Coronel dice que debo hacerlo, me rebajaré a hacerlo [casi sollozando]. Y seré insultada por mis penas, como si no fuera suficiente.

DOOLITTLE. No temas, ahora ella ya no habla con nadie, ¡pobre mujer! La respetabilidad le ha quitado todo el espíritu.

PICKERING. [Apretando suavemente el codo de Eliza]. Sea amable con ellos, Eliza. Haga lo mejor que pueda.

LIZA. [Forzando una pequeña sonrisa para él a través de su enfado]. Oh bien, sólo para demostrar que no hay malos sentimientos. Volveré en un momento. [Sale].

DOOLITTLE. [Sentándose junto a Pickering]. Me siento muy nervioso por la ceremonia, Coronel. Desearía que viniera a acompañarme durante la misma.

PICKERING. Pero usted ya ha pasado por eso antes. Estuvo casado con la madre de Eliza.

DOOLITTLE. ¿Quién le ha dicho eso, Coronel?

PICKERING. Bueno, nadie me lo dijo. Pero concluí que naturalmente...

DOOLITTLE. No, esa no es la manera natural, Coronel, es sólo la manera de la clase media. Mi manera siempre fue la de aquéllos que no me-

nothing to Eliza. She don't know: I always had a delicacy about telling her.

PICKERING. Quite right. We'll leave it so, if you don't mind.

DOOLITTLE. And you'll come to the church, Colonel, and put me through straight?

PICKERING. With pleasure. As far as a bachelor can.

MRS. HIGGINS. May I come, Mr. Doolittle? I should be very sorry to miss your wedding.

DOOLITTLE. I should indeed be honored by your condescension, ma'am; and my poor old woman would take it as a tremenjous compliment. She's been very low, thinking of the happy days that are no more.

MRS. HIGGINS. [rising] I'll order the carriage and get ready. [The men rise, except Higgins]. I shan't be more than fifteen minutes. [As she goes to the door Eliza comes in, hatted and buttoning her gloves]. I'm going to the church to see your father married, Eliza. You had better come in the brougham with me. Colonel Pickering can go on with the bridegroom.

Mrs. Higgins goes out. Eliza comes to the middle of the room between the centre window and the ottoman. Pickering joins her.

DOOLITTLE. Bridegroom! What a word! It makes a man realize his position, somehow. [He takes up his hat and goes towards the door].

PICKERING. Before I go, Eliza, do forgive him and come back to us.

LIZA. I don't think papa would allow me. Would you, dad?

DOOLITTLE. [sad but magnanimous] They played you off very cunning, Eliza, them two sportsmen. If it had been only one of them, you could have nailed him. But you see, there was two; and one of them chaperoned the other, as you might say. [To Pickering] It was artful

recían. Pero no le diga nada a Eliza. Ella no lo sabe, yo siempre tuve la delicadeza de evitar decírselo.

PICKERING. Muy bien. Lo dejaremos así, si no le importa.

DOOLITTLE. ¿Vendrá a la iglesia, Coronel, y me impulasará a hacerlo?

PICKERING. Con mucho gusto. Tanto como puede un soltero.

MRS. HIGGINS. ¿Puedo ir, Mr. Doolittle? Lamentaría mucho perderme su boda.

DOOLITTLE. Me sentiría muy honrado por su condescendencia, señora; y mi pobre y vieja mujer lo tomaría como un tremendo cumplido. Ha estado muy decaída, pensando en los días felices que pasaron.

MRS. HIGGINS. [Se pone de pie]. Pediré el carruaje y me prepararé. [Los hombres se ponen de pie, excepto Higgins]. No tardaré más de quince minutos. [Mientras va hacia la puerta entra Eliza, con sombrero y abrochándose los guantes]. Voy a la iglesia a ver a su padre casándose, Eliza. Será mejor que venga en el carruaje conmigo. El Coronel Pickering puede seguirnos con el prometido.

Mrs. Higgins sale. Eliza se acerca al centro de la habitación, entre la puerta-ventana central y la otomana. Pickering se une a ella.

DOOLITTLE. ¡Prometido! ¡Qué palabra! Hace que un hombre se dé cuenta de su posición, de alguna manera. [Coge su sombrero y se dirige hacia la puerta].

PICKERING. Antes de irme, Eliza, perdónele y vuelva con nosotros.

LIZA. No creo que papá me lo permitiera. ¿Lo harías tú, papá?

DOOLITTLE. [Triste pero magnánimo]. Te la jugaron muy astutamente, Eliza, esos dos deportistas. Si hubiera sido sólo uno de ellos, podrías haberle dejado clavado. Pero ya ves, eran dos; y uno de ellos impulsó al otro, como se podría decir. [A Pickering]. Fue astuto de su parte,

of you, Colonel; but I bear no malice: I should have done the same myself. I been the victim of one woman after another all my life; and I don't grudge you two getting the better of Eliza. I shan't interfere. It's time for us to go, Colonel. So long, Henry. See you in St. George's, Eliza. [He goes out].

PICKERING. [coaxing] Do stay with us, Eliza. [He follows Doolittle].

Eliza goes out on the balcony to avoid being alone with Higgins. He rises and joins her there. She immediately comes back into the room and makes for the door; but he goes along the balcony quickly and gets his back to the door before she reaches it.

HIGGINS. Well, Eliza, you've had a bit of your own back, as you call it. Have you had enough? and are you going to be reasonable? Or do you want any more?

LIZA. You want me back only to pick up your slippers and put up with your tempers and fetch and carry for you.

HIGGINS. I haven't said I wanted you back at all.

LIZA. Oh, indeed. Then what are we talking about?

HIGGINS. About you, not about me. If you come back I shall treat you just as I have always treated you. I can't change my nature; and I don't intend to change my manners. My manners are exactly the same as Colonel Pickering's.

LIZA. That's not true. He treats a flower girl as if she was a duchess.

HIGGINS. And I treat a duchess as if she was a flower girl.

LIZA. I see. [She turns away composedly, and sits on the ottoman, facing the window]. The same to everybody.

HIGGINS. Just so.

LIZA. Like father.

Coronel pero no le guardo rencor; yo habría hecho lo mismo. He sido víctima de una mujer tras otra toda mi vida, y no les guardo rencor a ustedes dos por sacar lo mejor de Eliza. No interferiré. Es hora de que nos vayamos, Coronel. Adiós, Henry. Nos vemos en St. George, Eliza. [Sale].

PICKERING. [Persuadiendo]. Quédese con nosotros, Eliza. [Sigue a Doolittle].

Eliza sale al balcón para evitar quedarse a solas con Higgins. Él se levanta y se une a ella allí. Ella vuelve inmediatamente a la habitación y se dirige a la puerta, pero él recorre el balcón rápidamente y se pone de espaldas a la puerta antes de que ella llegue.

HIGGINS. Bueno, Eliza, usted ha vuelto a ser usted misma por un momento, como usted dice. ¿Ya ha tenido bastante? ¿Va a ser razonable? ¿O quiere más?

LIZA. Usted quiere que yo vuelva sólo para recoger sus zapatillas y aguantar sus iras y traer y llevar cosas por usted.

HIGGINS. No he dicho en absoluto que yo quiera que usted vuelva.

LIZA. Desde luego. Entonces, ¿de qué estamos hablando?

HIGGINS. Sobre usted, no sobre mí. Si vuelve, yo la trataré como siempre la he tratado. No puedo cambiar mi naturaleza, y no tengo intención de cambiar mis modales. Mis modales son exactamente los mismos que los del Coronel Pickering.

LIZA. Eso no es verdad. Él trata a una florista como si fuera una duquesa.

HIGGINS. Y yo trato a una duquesa como si fuera una florista.

LIZA. Ya veo. [Se da la vuelta serenamente y se sienta en la otomana, de cara a la ventana]. Lo mismo para todos.

HIGGINS. Así es.

LIZA. Como mi padre.

HIGGINS. [grinning, a little taken down] Without accepting the comparison at all points, Eliza, it's quite true that your father is not a snob, and that he will be quite at home in any station of life to which his eccentric destiny may call him. [Seriously] The great secret, Eliza, is not having bad manners or good manners or any other particular sort of manners, but having the same manner for all human souls: in short, behaving as if you were in Heaven, where there are no third-class carriages, and one soul is as good as another.

LIZA. Amen. You are a born preacher.

HIGGINS. [irritated] The question is not whether I treat you rudely, but whether you ever heard me treat anyone else better.

LIZA. [with sudden sincerity] I don't care how you treat me. I don't mind your swearing at me. I don't mind a black eye: I've had one before this. But [standing up and facing him] I won't be passed over.

HIGGINS. Then get out of my way; for I won't stop for you. You talk about me as if I were a motor bus.

LIZA. So you are a motor bus: all bounce and go, and no consideration for anyone. But I can do without you: don't think I can't.

HIGGINS. I know you can. I told you you could.

LIZA. [wounded, getting away from him to the other side of the ottoman with her face to the hearth] I know you did, you brute. You wanted to get rid of me.

HIGGINS. Liar.

LIZA. Thank you. [She sits down with dignity].

HIGGINS. You never asked yourself, I suppose, whether I could do without *you*.

HIGGINS. [Sonriendo, un poco desanimado]. Sin aceptar la comparación en todos los puntos, Eliza, es muy cierto que su padre no es un esnob, y que se sentirá muy a gusto en cualquier estación de la vida a la que su excéntrico destino le llame. [Seriamente]. El gran secreto, Eliza, no es tener malos modales o buenos modales o cualquier otro tipo particular de modales, sino tener los mismos modales para todas las almas humanas; en resumen, comportarse como si estuviera en el Cielo, donde no hay vagones de tercera clase, y un alma es tan buena como cualquier otra.

LIZA. Amén. Usted es un predicador nato.

HIGGINS. [Irritado]. La cuestión no es si la trato con rudeza, sino si alguna vez me ha oído tratar mejor a otra persona.

LIZA. [Con repentina sinceridad]. No me importa cómo me trate. No me importa que me insulte. No me importa un ojo morado; ya he tenido uno antes de esto. Pero [poniéndose de pie y enfrentándose a él] no dejaré que me pase por encima.

HIGGINS. Entonces apártese de mi camino; porque no me detendré por usted. Habla de mí como si fuera un autobús.

LIZA. Así es, usted es un autobús: todo rebote y continuar la marcha, y ninguna consideración por nadie. Pero puedo prescindir de usted; no crea que no puedo.

HIGGINS. Sé que puede. Yo le dije que podía.

LIZA. [Herida, alejándose de él hacia el otro lado de la otomana con la cara hacia el hogar]. Sé que lo hizo, bruto. Quería librarse de mí.

HIGGINS. Mentirosa.

LIZA. Gracias. [Se sienta con dignidad].

HIGGINS. Nunca se ha preguntado, supongo, si yo podría prescindir de *usted*.

LIZA. [earnestly] Don't you try to get round me. You'll *have* to do without me.

HIGGINS. [arrogant] I can do without anybody. I have my own soul: my own spark of divine fire. But [with sudden humility] I shall miss you, Eliza. [He sits down near her on the ottoman]. I have learnt something from your idiotic notions: I confess that humbly and gratefully. And I have grown accustomed to your voice and appearance. I like them, rather.

LIZA. Well, you have both of them on your gramophone and in your book of photographs. When you feel lonely without me, you can turn the machine on. It's got no feelings to hurt.

HIGGINS. I can't turn your soul on. Leave me those feelings; and you can take away the voice and the face. They are not you.

LIZA. Oh, you *are* a devil. You can twist the heart in a girl as easy as some could twist her arms to hurt her. Mrs. Pearce warned me. Time and again she has wanted to leave you; and you always got round her at the last minute. And you don't care a bit for her. And you don't care a bit for me.

HIGGINS. I care for life, for humanity; and you are a part of it that has come my way and been built into my house. What more can you or anyone ask?

LIZA. I won't care for anybody that doesn't care for me.

HIGGINS. Commercial principles, Eliza. Like [reproducing her Covent Garden pronunciation with professional exactness] s'yollin voylets [selling violets], isn't it?

LIZA. Don't sneer at me. It's mean to sneer at me.

HIGGINS. I have never sneered in my life. Sneering doesn't become either the human face or the human soul. I am expressing my righteous contempt for Commercialism. I don't and won't trade in affection. You call me a brute because you couldn't buy a claim on

LIZA. [Seriamente]. No intente eludirme. *Tendrá* que arreglárselas sin mí.

HIGGINS. [Arrogante]. Puedo arreglármelas sin nadie. Tengo mi propia alma; mi propia chispa de fuego divino. Pero [con repentina humildad] la echaré de menos, Eliza. [Se sienta cerca de ella en la otomana]. He aprendido algo de sus nociones idiotas; lo confieso humilde y agradecidamente. Y me he acostumbrado a su voz y a su aspecto. Más bien me gustan.

LIZA. Bueno, tiene a ambos en su gramófono y en su libro de fotografías. Cuando se sienta solo sin mí, puede encender la máquina. No tiene que herir sentimientos al hacerlo.

HIGGINS. No puedo encender su alma. Déjeme esos sentimientos y puede quitarme la voz y la cara. Ellas no son usted.

LIZA. Oh, usted *es* un demonio. Puede retorcerle el corazón a una muchacha tan fácilmente como algún otro podría retorcerle los brazos a otra para hacerle daño. Mrs. Pearce me lo advirtió. Una y otra vez ella ha querido dejarle, y usted siempre le ha hecho cambiar de opinión en el último momento. Y no se preocupa ni un poco por ella. Y yo no le importo ni un poco.

HIGGINS. Me preocupo por la vida, por la humanidad; y usted es una parte de ella que ha llegado a mi camino y se ha incorporado a mi casa. ¿Qué más puede pedir usted o cualquiera?

LIZA. No me preocuparé por nadie que no se preocupe por mí.

HIGGINS. Principios comerciales, Eliza. Como [reproduciendo su pronunciación de Covent Garden con exactitud profesional] vender violetas, ¿no?

LIZA. No se burle de mí. Es mezquino burlarse de mí.

HIGGINS. Nunca me he burlado en mi vida. La burla no se hace ni con el rostro ni con el alma humana. Estoy expresando mi justo desprecio por el comercialismo. No comercio ni comerciaré con el afecto. Me llama bruto porque no pudo comprar un derecho sobre mí buscan-

me by fetching my slippers and finding my spectacles. You were a fool: I think a woman fetching a man's slippers is a disgusting sight: did I ever fetch *your* slippers? I think a good deal more of you for throwing them in my face. No use slaving for me and then saying you want to be cared for: who cares for a slave? If you come back, come back for the sake of good fellowship; for you'll get nothing else. You've had a thousand times as much out of me as I have out of you; and if you dare to set up your little dog's tricks of fetching and carrying slippers against my creation of a Duchess Eliza, I'll slam the door in your silly face.

LIZA. What did you do it for if you didn't care for me?

HIGGINS. [heartily] Why, because it was my job.

LIZA. You never thought of the trouble it would make for me.

HIGGINS. Would the world ever have been made if its maker had been afraid of making trouble? Making life means making trouble. There's only one way of escaping trouble; and that's killing things. Cowards, you notice, are always shrieking to have troublesome people killed.

LIZA. I'm no preacher: I don't notice things like that. I notice that you don't notice me.

HIGGINS. [jumping up and walking about intolerantly] Eliza: you're an idiot. I waste the treasures of my Miltonic mind by spreading them before you. Once for all, understand that I go my way and do my work without caring twopence what happens to either of us. I am not intimidated, like your father and your stepmother. So you can come back or go to the devil: which you please.

LIZA. What am I to come back for?

HIGGINS. [bouncing up on his knees on the ottoman and leaning over it to her] For the fun of it. That's why I took you on.

LIZA. [with averted face] And you may throw me out tomorrow if I don't do everything you want me to?

do mis zapatillas y encontrando mis gafas. Fue una tonta: creo que una mujer buscando las zapatillas de un hombre es un espectáculo repugnante: ¿alguna vez le he buscado yo a usted *sus* zapatillas? Pienso mucho más sobre usted por tirármelas a la cara. No sirve de nada trabajar como una esclava para mí y luego decir que quiere que la cuiden: ¿quién cuida a una esclava? Si vuelve, vuelva por el bien de la buena camaradería; porque no conseguirá otra cosa. Ha sacado de mí mil veces más de lo que yo he sacado de usted, y si se atreve a oponer sus trucos de perrita de buscar y llevar zapatillas a mi creación de la Duquesa Elisa, le daré con la puerta en las narices, tonta.

LIZA. ¿Por qué lo ha hecho si no le importo?

HIGGINS. [Cordialmente]. ¿Por qué? Porque era mi trabajo.

LIZA. Nunca pensó en los problemas que me causaría.

HIGGINS. ¿Se habría hecho el mundo si su creador hubiera tenido miedo de crear problemas? Hacer vida significa crear problemas. Sólo hay una forma de escapar de los problemas, y es matando cosas. Los cobardes, se da cuenta usted, siempre están chillando para que maten a la gente problemática.

LIZA. No soy una predicadora, no me fijo en esas cosas. Me fijo en que usted no se fija en mí.

HIGGINS. [Saltando y dando vueltas intolerantemente]. Eliza: usted es una idiota. Desperdicio los tesoros de mi mente miltónica exponiéndolos ante usted. De una vez por todas, entienda que sigo mi camino y hago mi trabajo sin importarme dos peniques lo que nos pase a cualquiera de los dos. No me siento intimidado, como su padre y su madrastra. Así que puede volver o irse al diablo, lo que le plazca.

LIZA. ¿Para qué voy a volver?

HIGGINS. [Se sube de rodillas a la otomana y se inclina hacia ella]. Por diversión. Por eso la acepté.

LIZA. [Con la cara desencajada]. ¿Y puede echarme mañana si no hago todo lo que usted quiere?

HIGGINS. Yes; and you may walk out tomorrow if I don't do everything *you* want me to.

LIZA. And live with my stepmother?

HIGGINS. Yes, or sell flowers.

LIZA. Oh! if I only *could* go back to my flower basket! I should be independent of both you and father and all the world! Why did you take my independence from me? Why did I give it up? I'm a slave now, for all my fine clothes.

HIGGINS. Not a bit. I'll adopt you as my daughter and settle money on you if you like. Or would you rather marry Pickering?

LIZA. [looking fiercely round at him] I wouldn't marry *you* if you asked me; and you're nearer my age than what he is.

HIGGINS. [gently] Than he is: not "than what he is."

LIZA. [losing her temper and rising] I'll talk as I like. You're not my teacher now.

HIGGINS. [reflectively] I don't suppose Pickering would, though. He's as confirmed an old bachelor as I am.

LIZA. That's not what I want; and don't you think it. I've always had chaps enough wanting me that way. Freddy Hill writes to me twice and three times a day, sheets and sheets.

HIGGINS. [disagreeably surprised] Damn his impudence! [He recoils and finds himself sitting on his heels].

LIZA. He has a right to if he likes, poor lad. And he does love me.

HIGGINS. [getting off the ottoman] You have no right to encourage him.

LIZA. Every girl has a right to be loved.

HIGGINS. Sí, y puede irse mañana si no hago todo lo que *usted* quiere.

LIZA. ¿Y vivir con mi madrastra?

HIGGINS. Sí, o vender flores.

LIZA. ¡Oh! ¡Si *pudiera* volver a mi cesta de flores! ¡Sería independiente tanto de usted como de mi padre y de todo el mundo! ¿Por qué me quitó mi independencia? ¿Por qué renuncié a ella? Ahora soy una esclava, a pesar de mis ropas finas.

HIGGINS. Ni un poco. La adoptaré como mi hija y le pagaré dinero si quiere. ¿O prefiere casarse con Pickering?

LIZA. [Mirándole ferozmente]. No me casaría con *usted* aunque me lo pidiera; y usted está más cerca de mi edad que la que está él.

HIGGINS. [suavemente] De lo que lo está él, no «de la que está él».

LIZA. [Pierde los estribos y se levanta]. Hablaré como quiera. Usted no es mi profesor ahora.

HIGGINS. [Reflexivamente]. No creo que Pickering lo hiciera, sin embargo. Es un viejo solterón tan confirmado como yo.

LIZA. Eso no es lo que quiero, y ni lo piense. Siempre he tenido bastantes muchachos que me quieren. Freddy Hill me escribe dos o tres veces al día, hojas enteras.

HIGGINS. [Desagradablemente sorprendido]. ¡Maldita sea su insolencia! [Retrocede y se encuentra sentado sobre sus talones].

LIZA. Tiene derecho a hacerlo si quiere, pobre muchacho. Y sí que me quiere.

HIGGINS. [Bajándose de la otomana]. Usted no tiene derecho a incitarlo.

LIZA. Toda muchacha tiene derecho a ser amada.

HIGGINS. What! By fools like that?

LIZA. Freddy's not a fool. And if he's weak and poor and wants me, may be he'd make me happier than my betters that bully me and don't want me.

HIGGINS. Can he *make* anything of you? That's the point.

LIZA. Perhaps I could make something of him. But I never thought of us making anything of one another; and you never think of anything else. I only want to be natural.

HIGGINS. In short, you want me to be as infatuated about you as Freddy? Is that it?

LIZA. No I don't. That's not the sort of feeling I want from you. And don't you be too sure of yourself or of me. I could have been a bad girl if I'd liked. I've seen more of some things than you, for all your learning. Girls like me can drag gentlemen down to make love to them easy enough. And they wish each other dead the next minute.

HIGGINS. Of course they do. Then what in thunder are we quarrelling about?

LIZA. [much troubled] I want a little kindness. I know I'm a common ignorant girl, and you a book-learned gentleman; but I'm not dirt under your feet. What I done [correcting herself] what I did was not for the dresses and the taxis: I did it because we were pleasant together and I come—came—to care for you; not to want you to make love to me, and not forgetting the difference between us, but more friendly like.

HIGGINS. Well, of course. That's just how I feel. And how Pickering feels. Eliza: you're a fool.

LIZA. That's not a proper answer to give me [she sinks on the chair at the writing-table in tears].

HIGGINS. ¿Qué? ¿Por tontos como esos?

LIZA. Freddy no es tonto. Y si es débil y pobre y me quiere, puede que me haga más feliz que mis superiores que me intimidan y no me quieren.

HIGGINS. ¿Puede *hacer* él algo de usted? Ésa es la cuestión.

LIZA. Quizá yo podría hacer algo de él. Pero nunca pensé en que pudiéramos hacer algo el uno del otro; y usted nunca piensa en otra cosa. Sólo quiero ser natural.

HIGGINS. En resumen, ¿quiere que me encapriche de usted tanto como Freddy? ¿Es eso?

LIZA. No, no quiero eso. Ese no es el tipo de sentimiento que quiero de usted. Y no esté demasiado seguro de sí mismo ni de mí. Podría haber sido una muchacha mala si hubiera querido. He visto más de algunas cosas que usted, a pesar de todo lo que usted aprendió. Las muchachas como yo pueden arrastrar a los caballeros para hacerles el amor con bastante facilidad. Y terminan deseándose la muerte al minuto siguiente.

HIGGINS. Por supuesto que sí. Entonces, ¿por qué demonios estamos discutiendo?

LIZA. [Muy preocupada]. Quiero un poco de amabilidad. Sé que soy una vulgar ignorante y usted un caballero culto; pero no soy tierra bajo sus pies. Lo que he hecho [corrigiéndose] lo que hice no fue por los vestidos y los taxis; lo hice porque era agradables estar juntos y yo habré llegado... he llegado... a preocuparme por usted; no queriendo que me haga el amor y, sin olvidar la diferencia entre nosotros; más bien amistosamente.

HIGGINS. Por supuesto. Así es como me siento. Y cómo se siente Pickering. Eliza, usted es una tonta.

LIZA. Esa no es una respuesta apropiada para darme. [Se hunde en la silla del escritorio, entre lágrimas].

HIGGINS. It's all you'll get until you stop being a common idiot. If you're going to be a lady, you'll have to give up feeling neglected if the men you know don't spend half their time snivelling over you and the other half giving you black eyes. If you can't stand the coldness of my sort of life, and the strain of it, go back to the gutter. Work til you are more a brute than a human being; and then cuddle and squabble and drink til you fall asleep. Oh, it's a fine life, the life of the gutter. It's real: it's warm: it's violent: you can feel it through the thickest skin: you can taste it and smell it without any training or any work. Not like Science and Literature and Classical Music and Philosophy and Art. You find me cold, unfeeling, selfish, don't you? Very well: be off with you to the sort of people you like. Marry some sentimental hog or other with lots of money, and a thick pair of lips to kiss you with and a thick pair of boots to kick you with. If you can't appreciate what you've got, you'd better get what you can appreciate.

LIZA. [desperate] Oh, you are a cruel tyrant. I can't talk to you: you turn everything against me: I'm always in the wrong. But you know very well all the time that you're nothing but a bully. You know I can't go back to the gutter, as you call it, and that I have no real friends in the world but you and the Colonel. You know well I couldn't bear to live with a low common man after you two; and it's wicked and cruel of you to insult me by pretending I could. You think I must go back to Wimpole Street because I have nowhere else to go but father's. But don't you be too sure that you have me under your feet to be trampled on and talked down. I'll marry Freddy, I will, as soon as he's able to support me.

HIGGINS. [sitting down beside her] Rubbish! you shall marry an ambassador. You shall marry the Governor-General of India or the Lord-Lieutenant of Ireland, or somebody who wants a deputy-queen. I'm not going to have my masterpiece thrown away on Freddy.

LIZA. You think I like you to say that. But I haven't forgot what you said a minute ago; and I won't be coaxed round as if I was a baby or a puppy. If I can't have kindness, I'll have independence.

HIGGINS. Independence? That's middle class blasphemy. We are all

HIGGINS. Es todo lo que conseguirá hasta que deje de ser una vulgar idiota. Si va a ser una dama, tendrá que renunciar a sentirse abandonada si los hombres que conoce no se pasan la mitad del tiempo lloriqueando por usted y la otra mitad poniéndole los ojos morados. Si no puede soportar la frialdad propia a mi tipo de vida, y la tensión que supone, vuelva a la cuneta. Trabaje hasta que sea más una bruta que un ser humano; y luego acurrúquese y riña y beba hasta que se duerma. Oh, es una buena vida, la vida de la cuneta. Es real, es cálida, es violenta, puede sentirla a través de la piel más gruesa, puede saborearla y olerla sin ningún entrenamiento ni ningún trabajo. No como la ciencia y la literatura y la música clásica y la filosofía y el arte. Me encuentra frío, insensible, egoísta, ¿verdad? Muy bien, váyase con el tipo de gente que le gusta. Cásese con algún cerdo sentimental u otro con mucho dinero, y un grueso par de labios con los que besarla y un grueso par de botas con las que patearla. Si no puede apreciar lo que tiene, será mejor que consiga lo que puede apreciar.

LIZA. [Desesperada]. Oh, usted es un tirano cruel. No puedo hablar con usted; lo vuelve todo contra mí; siempre estoy equivocada. Pero sabe muy bien, todo el tiempo, que usted no es más que un matón. Sabe que yo no puedo volver a la cuneta, como usted la llama, y que no tengo más amigos de verdad en el mundo que usted y el Coronel. Sabe bien que no podría soportar vivir con un hombre común y bajo después de vivir con ustedes dos; y es malvado y cruel por su parte insultarme pretendiendo que podría. Cree que debo volver a Wimpole Street porque no tengo otro sitio adonde ir que a casa de padre. Pero no esté tan seguro de que me tiene bajo sus pies para que me pisoteen y hablen mal de mí. Me casaré con Freddy, lo haré, en cuanto sea capaz de mantenerme.

HIGGINS. [Se sienta a su lado]. ¡Tonterías! Se casará con un embajador. Se casará con el Gobernador General de la India o con el Lord teniente de Irlanda, o con alguien que quiera una vice-reina. No voy a echar a perder mi obra maestra por Freddy.

LIZA. Cree que me gusta que diga eso. No he olvidado lo que dijo hace un minuto, y no me engatusarán como si fuera un bebé o un cachorro. Si no puedo tener amabilidad, tendré independencia.

HIGGINS. ¿Independencia? Eso es una blasfemia para la clase media.

dependent on one another, every soul of us on earth.

LIZA. [rising determinedly] I'll let you see whether I'm dependent on you. If you can preach, I can teach. I'll go and be a teacher.

HIGGINS. What'll you teach, in heaven's name?

LIZA. What you taught me. I'll teach phonetics.

HIGGINS. Ha! Ha! Ha!

LIZA. I'll offer myself as an assistant to Professor Nepean.

HIGGINS. [rising in a fury] What! That impostor! that humbug! that toadying ignoramus! Teach him my methods! my discoveries! You take one step in his direction and I'll wring your neck. [He lays hands on her]. Do you hear?

LIZA. [defiantly non-resistant] Wring away. What do I care? I knew you'd strike me some day. [He lets her go, stamping with rage at having forgotten himself, and recoils so hastily that he stumbles back into his seat on the ottoman]. Aha! Now I know how to deal with you. What a fool I was not to think of it before! You can't take away the knowledge you gave me. You said I had a finer ear than you. And I can be civil and kind to people, which is more than you can. Aha! That's done you, Henry Higgins, it has. Now I don't care that [snapping her fingers] for your bullying and your big talk. I'll advertize it in the papers that your duchess is only a flower girl that you taught, and that she'll teach anybody to be a duchess just the same in six months for a thousand guineas. Oh, when I think of myself crawling under your feet and being trampled on and called names, when all the time I had only to lift up my finger to be as good as you, I could just kick myself.

HIGGINS. [wondering at her] You damned impudent slut, you! But it's better than snivelling; better than fetching slippers and finding spectacles, isn't it? [Rising] By George, Eliza, I said I'd make a woman of you; and I have. I like you like this.

LIZA. Yes: you turn round and make up to me now that I'm not afraid

Todos dependemos unos de otros, cada alma de nosotros en la tierra.

LIZA. [Poniéndose de pie decidida]. Le dejaré ver si dependo de usted. Si usted puede predicar, yo puedo enseñar. Iré y seré maestra.

HIGGINS. ¿Qué enseñará, en nombre del cielo?

LIZA. Lo que me enseñó. Enseñaré fonética.

HIGGINS. ¡Ja! ¡Ja! ¡Ja!

LIZA. Me ofreceré como ayudante del Profesor Nepean.

HIGGINS. [Poniéndose de pie furioso]. ¡Qué! ¡Ese impostor! ¡Esa patraña! ¡Ese ignorante adulador! ¡Enseñarle mis métodos! ¡Mis descubrimientos! Dé un paso en su dirección y le retorceré el cuello. [Le pone las manos encima]. ¿Me oye?

LIZA. [Desafiante, sin resistirse]. Hágalo. ¿Qué me importa? Sabía que algún día me golpearía. [Él la suelta, pataleando de rabia por haberse olvidado de sí mismo, y retrocede tan bruscamente que vuelve a tropezar en su asiento sobre la otomana]. ¡Ajá! Ahora sé cómo tratarlo. ¡Qué tonta fui al no pensarlo antes! No puede quitarme los conocimientos que me dio. Dijo que yo tenía un oído más fino que usted. Y puedo ser civilizada y amable con la gente, que es más de lo que usted puede hacer. ¡Ajá! Eso le ha acabado, Henry Higgins, le ha acabado. Ahora no me importa eso [chasqueando los dedos], sus bravuconadas y su gran palabrería. Anunciaré en los periódicos que su duquesa es sólo una florista a la que enseñó, y que enseñará a cualquiera a ser tan duquesa como ella en seis meses por mil guineas. Oh, cuando pienso en mí arrastrándome bajo sus pies y siendo pisoteada e insultada, cuando todo el tiempo sólo tenía que levantar el dedo para ser tan buena como usted, no puedo más que darme patadas a mí misma.

HIGGINS. [Asombrándose de ella]. ¡Maldita zorra insolente! Pero es mejor que lloriquear; mejor que ir a buscar zapatillas y gafas, ¿no? [Poniéndose de pie] Cielos, Eliza, dije que haría de usted una mujer; y lo he hecho. Me gusta así.

LIZA. Sí, cambie de opinión y reconcíliese ahora que no le tengo miedo y

of you, and can do without you.

HIGGINS. Of course I do, you little fool. Five minutes ago you were like a millstone round my neck. Now you're a tower of strength: a consort battleship. You and I and Pickering will be three old bachelors together instead of only two men and a silly girl.

Mrs. Higgins returns, dressed for the wedding. Eliza instantly becomes cool and elegant.

MRS. HIGGINS. The carriage is waiting, Eliza. Are you ready?

LIZA. Quite. Is the Professor coming?

MRS. HIGGINS. Certainly not. He can't behave himself in church. He makes remarks out loud all the time on the clergyman's pronunciation.

LIZA. Then I shall not see you again, Professor. Good bye. [She goes to the door].

MRS. HIGGINS. [coming to Higgins] Good-bye, dear.

HIGGINS. Good-bye, mother. [He is about to kiss her, when he recollects something]. Oh, by the way, Eliza, order a ham and a Stilton cheese, will you? And buy me a pair of reindeer gloves, number eights, and a tie to match that new suit of mine, at Eale & Binman's. You can choose the color. [His cheerful, careless, vigorous voice shows that he is incorrigible].

LIZA. [disdainfully] Buy them yourself. [She sweeps out].

MRS. HIGGINS. I'm afraid you've spoiled that girl, Henry. But never mind, dear: I'll buy you the tie and gloves.

HIGGINS. [sunnily] Oh, don't bother. She'll buy em all right enough. Good-bye.

They kiss. Mrs. Higgins runs out. Higgins, left alone, rattles his cash in his pocket; chuckles; and disports himself in a highly self-

puedo prescindir de usted.

HIGGINS. Claro que sí, tontita. Hace cinco minutos era como una piedra de molino alrededor de mi cuello. Ahora es una torre de fuerza, un acorazado real. Usted, yo y Pickering seremos tres viejos solterones juntos en vez de sólo dos hombres y una muchacha tonta.

Mrs. Higgins regresa, vestida para la boda. Eliza se vuelve al instante, fresca y elegante.

MRS. HIGGINS. El carruaje está esperando, Eliza. ¿Está lista?

LIZA. Casi. ¿Viene el Profesor?

MRS. HIGGINS. Desde luego que no. No sabe comportarse en la iglesia. Hace comentarios en voz alta todo el tiempo sobre la pronunciación del clérigo.

LIZA. Entonces no volveré a verle, Profesor. Adiós. [Se dirige a la puerta].

MRS. HIGGINS. [Se acerca a Higgins]. Adiós, querido.

HIGGINS. Adiós, madre. [Está a punto de besarla, cuando recuerda algo]. Oh, por cierto, Eliza, pida un jamón y un queso Stilton, ¿quiere? Y cómpreme un par de guantes de reno, número ocho, y una corbata que haga juego con ese traje nuevo mío, en Eale & Binman's. Puede elegir el color. [Su voz alegre, descuidada y vigorosa demuestra que es incorregible].

LIZA. [Con desdén]. Cómprelos usted mismo. [Sale con esfuerzo].

MRS. HIGGINS. Me temo que has malcriado a esa muchacha, Henry. Pero no importa, querido: te compraré la corbata y los guantes.

HIGGINS. [Solemnemente]. Oh, no te molestes. Ella los comprará. Adiós.

Se besan. Mrs. Higgins sale corriendo. Higgins, que se ha quedado solo, hace sonar su dinero en el bolsillo; se ríe entre dientes y se distien-

satisfied manner.

The rest of the story need not be shown in action, and indeed, would hardly need telling if our imaginations were not so enfeebled by their lazy dependence on the ready-makes and reach-me-downs of the ragshop in which Romance keeps its stock of "happy endings" to misfit all stories. Now, the history of Eliza Doolittle, though called a romance because of the transfiguration it records seems exceedingly improbable, is common enough. Such transfigurations have been achieved by hundreds of resolutely ambitious young women since Nell Gwynne set them the example by playing queens and fascinating kings in the theatre in which she began by selling oranges. Nevertheless, people in all directions have assumed, for no other reason than that she became the heroine of a romance, that she must have married the hero of it. This is unbearable, not only because her little drama, if acted on such a thoughtless assumption, must be spoiled, but because the true sequel is patent to anyone with a sense of human nature in general, and of feminine instinct in particular.

Eliza, in telling Higgins she would not marry him if he asked her, was not coquetting: she was announcing a well-considered decision. When a bachelor interests, and dominates, and teaches, and becomes important to a spinster, as Higgins with Eliza, she always, if she has character enough to be capable of it, considers very seriously indeed whether she will play for becoming that bachelor's wife, especially if he is so little interested in marriage that a determined and devoted woman might capture him if she set herself resolutely to do it. Her decision will depend a good deal on whether she is really free to choose; and that, again, will depend on her age and income. If she is at the end of her youth, and has no security for her livelihood, she will marry him because she must marry anybody who will provide for her. But at Eliza's age a good-looking girl does not feel that pressure; she feels free to pick and choose. She is therefore guided by her instinct in the matter. Eliza's instinct tells her not to marry Higgins. It does not tell her to give him up. It is not in the slightest doubt as to his remaining one of the strongest personal interests in her life. It would be very sorely strained if there was another woman likely to supplant her with him. But as she feels sure of him on that last point, she has no doubt at all as to her course, and would not have any, even if the

de muy satisfecho de sí mismo.

El resto de la historia no necesita mostrarse en acción y, de hecho, apenas necesitaría contarse si nuestras imaginaciones no estuvieran tan debilitadas por su perezosa dependencia de los ready-makes y las ideas comunes de la tienda de trapos en la que el Romance guarda su stock de «finales felices» para desajustar todas las historias. Ahora bien, la historia de Eliza Doolittle, aunque llamarla un romance por la transfiguración que registra parece excesivamente improbable, es bastante común. Tales transfiguraciones han sido logradas por cientos de mujeres jóvenes decididamente ambiciosas desde que Nell Gwynne les dio el ejemplo interpretando a reinas y fascinando a reyes en el teatro en el que empezó vendiendo naranjas. Sin embargo, la gente en todas direcciones ha asumido, sin otra razón que la de haberse convertido en la heroína de un romance, que ella debe haberse casado con el héroe del mismo. Esto es insoportable, no sólo porque su pequeño drama, si se actúa sobre una suposición tan irreflexiva, debe echarse a perder, sino porque la verdadera secuela es patente para cualquiera con sentido de la naturaleza humana en general, y del instinto femenino en particular.

Eliza, al decirle a Higgins que no se casaría con él si se lo pidiera, no estaba coqueteando: estaba anunciando una decisión bien meditada. Cuando un soltero interesa, y domina, y enseña, y se vuelve importante para una solterona, como Higgins con Eliza, ella siempre, si tiene carácter suficiente para ser capaz de ello, considera muy seriamente si jugará a convertirse en la esposa de ese soltero, especialmente si él está tan poco interesado en el matrimonio que una mujer decidida y devota podría capturarlo si se lo propusiera resueltamente. Su decisión dependerá mucho de si es realmente libre de elegir; y eso, de nuevo, dependerá de su edad y de sus ingresos. Si está al final de su juventud y no tiene seguridad para su sustento, se casará con él porque debe casarse con cualquiera que la mantenga. Pero a la edad de Eliza, una muchacha bien parecida no siente esa presión; se siente libre de elegir. Por tanto, se guía por su instinto en la materia. El instinto de Eliza le dice que no se case con Higgins. No le dice que renuncie a él. No tiene la menor duda de que él sigue siendo uno de los intereses personales más fuertes en su vida. Se sentiría muy apenada si hubiera otra mujer que pudiera suplantarla en cuanto a él. Pero como se siente segura de él en ese último punto, no tiene la menor duda en cuanto a su rumbo, y no tendría ninguna, aunque no existiera entre ellos la diferencia de veinte años de

difference of twenty years in age, which seems so great to youth, did not exist between them.

As our own instincts are not appealed to by her conclusion, let us see whether we cannot discover some reason in it. When Higgins excused his indifference to young women on the ground that they had an irresistible rival in his mother, he gave the clue to his inveterate old-bachelordom. The case is uncommon only to the extent that remarkable mothers are uncommon. If an imaginative boy has a sufficiently rich mother who has intelligence, personal grace, dignity of character without harshness, and a cultivated sense of the best art of her time to enable her to make her house beautiful, she sets a standard for him against which very few women can struggle, besides effecting for him a disengagement of his affections, his sense of beauty, and his idealism from his specifically sexual impulses. This makes him a standing puzzle to the huge number of uncultivated people who have been brought up in tasteless homes by commonplace or disagreeable parents, and to whom, consequently, literature, painting, sculpture, music, and affectionate personal relations come as modes of sex if they come at all. The word passion means nothing else to them; and that Higgins could have a passion for phonetics and idealize his mother instead of Eliza, would seem to them absurd and unnatural. Nevertheless, when we look round and see that hardly anyone is too ugly or disagreeable to find a wife or a husband if he or she wants one, whilst many old maids and bachelors are above the average in quality and culture, we cannot help suspecting that the disentanglement of sex from the associations with which it is so commonly confused, a disentanglement which persons of genius achieve by sheer intellectual analysis, is sometimes produced or aided by parental fascination.

Now, though Eliza was incapable of thus explaining to herself Higgins's formidable powers of resistance to the charm that prostrated Freddy at the first glance, she was instinctively aware that she could never obtain a complete grip of him, or come between him and his mother (the first necessity of the married woman). To put it shortly, she knew that for some mysterious reason he had not the makings of a married man in him, according to her conception of a husband as one to whom she would be his nearest and fondest and warmest interest. Even had there been no mother-rival, she would still have

edad, que tan grande parece a la juventud.

Como su conclusión no apela a nuestros propios instintos, veamos si no podemos descubrir alguna razón en ella. Cuando Higgins excusó su indiferencia hacia las mujeres jóvenes aduciendo que tenían una rival irresistible en su madre, dio la clave de su inveterada soltería. El caso es poco común sólo en la medida en que las madres notables son poco comunes. Si un chico imaginativo tiene una madre lo suficientemente rica que posea inteligencia, gracia personal, dignidad de carácter sin asperezas y un sentido cultivado del mejor arte de su época que le permita embellecer su casa, ella establece para él un estándar contra el que muy pocas mujeres pueden luchar, además de efectuar para él una desvinculación de sus afectos, su sentido de la belleza y su idealismo de sus impulsos específicamente sexuales. Esto le convierte en un rompecabezas permanente para el enorme número de personas incultas que han sido educadas en hogares insípidos por padres vulgares o desagradables, y a quienes, en consecuencia, la literatura, la pintura, la escultura, la música y las relaciones personales afectuosas les llegan como modos de sexo, si es que les llegan. La palabra pasión no significa otra cosa para ellos; y que Higgins pudiera apasionarse por la fonética e idealizar a su madre en lugar de a Eliza, les parecería absurdo y antinatural. Sin embargo, cuando miramos a nuestro alrededor y vemos que casi nadie es demasiado feo o desagradable para encontrar una esposa o un marido si lo desea, mientras que muchas solteronas y solteros están por encima de la media en calidad y cultura, no podemos evitar sospechar que el desenredo del sexo de las asociaciones con las que tan comúnmente se confunde, un desenredo que las personas de genio logran por puro análisis intelectual, a veces es producido o ayudado por la fascinación paterna.

Ahora bien, aunque Eliza era incapaz de explicarse así los formidables poderes de resistencia de Higgins al encanto que postró a Freddy a la primera mirada, era instintivamente consciente de que nunca podría obtener un dominio completo sobre él, ni interponerse entre él y su madre (la primera necesidad de la mujer casada). Por decirlo brevemente, ella sabía que por alguna misteriosa razón él no tenía en sí las hechuras de un hombre casado, según la concepción que ella tenía de un marido como alguien para quien ella sería su más cercano, afectuoso y cálido interés. Incluso si no hubiera habido rival materno, aún así se habría

refused to accept an interest in herself that was secondary to philosophic interests. Had Mrs. Higgins died, there would still have been Milton and the Universal Alphabet. Landor's remark that to those who have the greatest power of loving, love is a secondary affair, would not have recommended Landor to Eliza. Put that along with her resentment of Higgins's domineering superiority, and her mistrust of his coaxing cleverness in getting round her and evading her wrath when he had gone too far with his impetuous bullying, and you will see that Eliza's instinct had good grounds for warning her not to marry her Pygmalion.

And now, whom did Eliza marry? For if Higgins was a predestinate old bachelor, she was most certainly not a predestinate old maid. Well, that can be told very shortly to those who have not guessed it from the indications she has herself given them.

Almost immediately after Eliza is stung into proclaiming her considered determination not to marry Higgins, she mentions the fact that young Mr. Frederick Eynsford Hill is pouring out his love for her daily through the post. Now Freddy is young, practically twenty years younger than Higgins: he is a gentleman (or, as Eliza would qualify him, a toff), and speaks like one; he is nicely dressed, is treated by the Colonel as an equal, loves her unaffectedly, and is not her master, nor ever likely to dominate her in spite of his advantage of social standing. Eliza has no use for the foolish romantic tradition that all women love to be mastered, if not actually bullied and beaten. "When you go to women," says Nietzsche, "take your whip with you." Sensible despots have never confined that precaution to women: they have taken their whips with them when they have dealt with men, and been slavishly idealized by the men over whom they have flourished the whip much more than by women. No doubt there are slavish women as well as slavish men; and women, like men, admire those that are stronger than themselves. But to admire a strong person and to live under that strong person's thumb are two different things. The weak may not be admired and hero-worshipped; but they are by no means disliked or shunned; and they never seem to have the least difficulty in marrying people who are too good for them. They may fail in emergencies; but life is not one long emergency: it is mostly a string of situations for which no exceptional strength is needed, and with which even rather weak people can cope if they have a stron-

negado a aceptar un interés por ella que fuera secundario a los intereses filosóficos. Si Mrs. Higgins hubiera muerto, aún habrían existido Milton y el Alfabeto Universal. La observación de Landor de que para aquellos que tienen el mayor poder de amar, el amor es un asunto secundario, no habría recomendado Landor a Eliza. Ponga el lector eso junto con su resentimiento hacia la dominante superioridad de Higgins, y su desconfianza hacia su persuasiva astucia para eludirla y evadir su ira cuando había ido demasiado lejos con su impetuoso acoso, y verá que el instinto de Eliza tenía buenos motivos para advertirle que no se casara con su Pigmalión.

Ahora bien, ¿con quién se casó Eliza? Porque si Higgins era un solterón predestinado, ella no era, desde luego, una solterona predestinada. Bueno, eso puede contarse muy brevemente a quienes no lo hayan adivinado por las indicaciones que ella misma ha dado.

Casi inmediatamente después de que Eliza se sienta picada a proclamar su decisión tomada de no casarse con Higgins, menciona el hecho de que el joven Mr. Frederick Eynsford Hill derrama diariamente su amor por ella a través del correo. Ahora bien, Freddy es joven, prácticamente veinte años más joven que Higgins; es un caballero (o, como lo calificaría Eliza, alguien fino), y habla como tal; va bien vestido, es tratado por el Coronel como un igual, la ama sin afectación y no es su amo, ni es probable que la domine nunca a pesar de su ventaja en la posición social. A Eliza no le sirve de nada la tonta tradición romántica de que a todas las mujeres les encanta ser dominadas, cuando no realmente intimidadas y golpeadas. «Cuando te dirijas a las mujeres», dice Nietzsche, «lleva tu látigo contigo». Los déspotas sensatos nunca han limitado esa precaución a las mujeres: han llevado consigo sus látigos cuando han tratado con hombres, y han sido servilmente idealizados por los hombres sobre los que han blandido el látigo mucho más que por las mujeres. Sin duda, hay mujeres serviles al igual que hombres serviles; y las mujeres, como los hombres, admiran a los que son más fuertes que ellas. Pero admirar a una persona fuerte y vivir bajo el pulgar de esa persona fuerte son dos cosas diferentes. Puede que los débiles no sean admirados ni venerados como héroes; pero de ningún modo se les disgusta ni se les rechaza; y nunca parecen tener la menor dificultad para casarse con personas demasiado buenas para ellos. Pueden fracasar en las emergencias; pero la vida no es una larga emergencia: es sobre todo una sucesión de situaciones para las que no se necesita una

ger partner to help them out. Accordingly, it is a truth everywhere in evidence that strong people, masculine or feminine, not only do not marry stronger people, but do not show any preference for them in selecting their friends. When a lion meets another with a louder roar "the first lion thinks the last a bore." The man or woman who feels strong enough for two, seeks for every other quality in a partner than strength.

The converse is also true. Weak people want to marry strong people who do not frighten them too much; and this often leads them to make the mistake we describe metaphorically as "biting off more than they can chew." They want too much for too little; and when the bargain is unreasonable beyond all bearing, the union becomes impossible: it ends in the weaker party being either discarded or borne as a cross, which is worse. People who are not only weak, but silly or obtuse as well, are often in these difficulties.

This being the state of human affairs, what is Eliza fairly sure to do when she is placed between Freddy and Higgins? Will she look forward to a lifetime of fetching Higgins's slippers or to a lifetime of Freddy fetching hers? There can be no doubt about the answer. Unless Freddy is biologically repulsive to her, and Higgins biologically attractive to a degree that overwhelms all her other instincts, she will, if she marries either of them, marry Freddy.

And that is just what Eliza did.

Complications ensued; but they were economic, not romantic. Freddy had no money and no occupation. His mother's jointure, a last relic of the opulence of Largelady Park, had enabled her to struggle along in Earlscourt with an air of gentility, but not to procure any serious secondary education for her children, much less give the boy a profession. A clerkship at thirty shillings a week was beneath Freddy's dignity, and extremely distasteful to him besides. His prospects consisted of a hope that if he kept up appearances somebody would do something for him. The something appeared vaguely to his

fuerza excepcional, y con las que incluso las personas más bien débiles pueden arreglárselas si tienen un compañero más fuerte que les ayude. En consecuencia, es una verdad evidente en todas partes que las personas fuertes, masculinas o femeninas, no sólo no se casan con personas más fuertes, sino que no muestran ninguna preferencia por ellas a la hora de elegir a sus amigos. Cuando un león se encuentra con otro con un rugido más fuerte «el primer león piensa que el otro es un aburrido». El hombre o la mujer que se siente lo suficientemente fuerte para dos, busca en un compañero cualquier otra cualidad que no sea la fuerza.

Lo contrario también es cierto. Las personas débiles quieren casarse con personas fuertes que no les asusten demasiado; y esto les lleva a menudo a cometer el error que describimos metafóricamente como «morder más de lo que se puede masticar». Quieren demasiado a cambio de demasiado poco; y cuando el trato es irrazonable más allá de lo soportable, la unión se hace imposible: acaba en que la parte más débil es descartada o soportada como una cruz, lo que es peor. Las personas que no sólo son débiles, sino también tontas u obtusas, se encuentran a menudo en estas dificultades.

Siendo éste el estado de los asuntos humanos, ¿qué es lo que Eliza está bastante segura de hacer cuando se encuentra entre Freddy y Higgins? ¿Le esperará toda una vida yendo a buscar las zapatillas de Higgins o toda una vida de Freddy yendo a buscar las suyas? No puede haber ninguna duda sobre la respuesta. A menos que Freddy le resulte biológicamente repulsivo, y Higgins biológicamente atractivo hasta un grado que abrume todos sus otros instintos, ella, si se casa con cualquiera de los dos, se casará con Freddy.

Y eso es exatamente lo que hizo Eliza.

Surgieron complicaciones; pero fueron económicas, no románticas. Freddy no tenía dinero ni ocupación. La mayordomía de su madre, una última reliquia de la opulencia de Largelady Park, le había permitido luchar en Earlscourt con aire de gentilidad, pero no procurar una educación secundaria seria a sus hijos, y mucho menos dar al muchacho una profesión. Un puesto de oficinista a treinta chelines por semana estaba por debajo de la dignidad de Freddy y además le resultaba extremadamente desagradable. Sus perspectivas consistían en la esperanza de que si mantenía las apariencias alguien haría algo por él. Ese algo

imagination as a private secretaryship or a sinecure of some sort. To his mother it perhaps appeared as a marriage to some lady of means who could not resist her boy's niceness. Fancy her feelings when he married a flower girl who had become declassee under extraordinary circumstances which were now notorious!

It is true that Eliza's situation did not seem wholly ineligible. Her father, though formerly a dustman, and now fantastically disclassed, had become extremely popular in the smartest society by a social talent which triumphed over every prejudice and every disadvantage. Rejected by the middle class, which he loathed, he had shot up at once into the highest circles by his wit, his dustmanship (which he carried like a banner), and his Nietzschean transcendence of good and evil. At intimate ducal dinners he sat on the right hand of the Duchess; and in country houses he smoked in the pantry and was made much of by the butler when he was not feeding in the dining-room and being consulted by cabinet ministers. But he found it almost as hard to do all this on four thousand a year as Mrs. Eynsford Hill to live in Earlscourt on an income so pitiably smaller that I have not the heart to disclose its exact figure. He absolutely refused to add the last straw to his burden by contributing to Eliza's support.

Thus Freddy and Eliza, now Mr. and Mrs. Eynsford Hill, would have spent a penniless honeymoon but for a wedding present of 500 pounds from the Colonel to Eliza. It lasted a long time because Freddy did not know how to spend money, never having had any to spend, and Eliza, socially trained by a pair of old bachelors, wore her clothes as long as they held together and looked pretty, without the least regard to their being many months out of fashion. Still, 500 pounds will not last two young people for ever; and they both knew, and Eliza felt as well, that they must shift for themselves in the end. She could quarter herself on Wimpole Street because it had come to be her home; but she was quite aware that she ought not to quarter Freddy there, and that it would not be good for his character if she did.

Not that the Wimpole Street bachelors objected. When she consulted them, Higgins declined to be bothered about her housing problem when that solution was so simple. Eliza's desire to have Freddy in the

aparecía vagamente en su imaginación como una secretaría privada o una sinecura de algún tipo. Para su madre tal vez apareciera como un matrimonio con alguna dama de recursos que no pudiera resistirse a la simpatía de su hijo. Imagínese el lector sus sentimientos cuando él se casó con una florista que había cambiado de clase en circunstancias extraordinarias que ahora eran notorias.

Es cierto que la situación de Eliza no parecía del todo inelegible. Su padre, antiguo basurero y ahora fantásticamente cambiado de clase, se había hecho extremadamente popular en la sociedad más elegante gracias a un talento social que triunfaba sobre cualquier prejuicio y cualquier desventaja. Rechazado por la clase media, a la que detestaba, se había disparado enseguida a los círculos más elevados por su ingenio, su talento de basurero (que llevaba como un estandarte) y su trascendencia nietzscheana del bien y del mal. En las cenas ducales íntimas se sentaba a la derecha de la duquesa; y en las casas de campo fumaba en la despensa y era muy solicitado por el mayordomo cuando no estaba dando de comer en el comedor y siendo consultado por los ministros del gabinete. Pero le resultaba casi tan difícil hacer todo esto con cuatro mil libras al año como a Mrs. Eynsford Hill vivir en Earlscourt con unos ingresos tan lastimosamente menores que no tengo el valor de revelar su cifra exacta. Se negó en redondo a añadir la gota que colmaba el vaso contribuyendo a la manutención de Eliza.

Así, Freddy y Eliza, ahora Mr. y Mrs. Eynsford Hill, habrían pasado una luna de miel sin dinero de no ser por un regalo de bodas de quinientas libras del Coronel a Eliza. Duró mucho tiempo porque Freddy no sabía gastar dinero, ya que nunca había tenido nada que gastar, y Eliza, educada socialmente por un par de viejos solterones, se ponía la ropa mientras éstas aguantaran y estaba bonita, sin importarle lo más mínimo que las ropas estuvieran muchos meses pasadas de moda. Aun así, quinientas libras no les durarán a dos jóvenes para siempre; y ambos sabían, y Eliza también lo sentía, que al final tendrían que desplazarse por sí mismos. Ella podía alojarse en Wimpole Street porque había llegado a ser su hogar; pero era muy consciente de que no debía alojar allí a Freddy, y que no sería bueno para su carácter si lo hacía.

No es que los solteros de Wimpole Street se opusieran. Cuando ella les consultó, Higgins declinó molestarse por su problema de vivienda cuando la solución era tan sencilla. El deseo de Eliza de tener a Fre-

house with her seemed of no more importance than if she had wanted an extra piece of bedroom furniture. Pleas as to Freddy's character, and the moral obligation on him to earn his own living, were lost on Higgins. He denied that Freddy had any character, and declared that if he tried to do any useful work some competent person would have the trouble of undoing it: a procedure involving a net loss to the community, and great unhappiness to Freddy himself, who was obviously intended by Nature for such light work as amusing Eliza, which, Higgins declared, was a much more useful and honorable occupation than working in the city. When Eliza referred again to her project of teaching phonetics, Higgins abated not a jot of his violent opposition to it. He said she was not within ten years of being qualified to meddle with his pet subject; and as it was evident that the Colonel agreed with him, she felt she could not go against them in this grave matter, and that she had no right, without Higgins's consent, to exploit the knowledge he had given her; for his knowledge seemed to her as much his private property as his watch: Eliza was no communist. Besides, she was superstitiously devoted to them both, more entirely and frankly after her marriage than before it.

It was the Colonel who finally solved the problem, which had cost him much perplexed cogitation. He one day asked Eliza, rather shyly, whether she had quite given up her notion of keeping a flower shop. She replied that she had thought of it, but had put it out of her head, because the Colonel had said, that day at Mrs. Higgins's, that it would never do. The Colonel confessed that when he said that, he had not quite recovered from the dazzling impression of the day before. They broke the matter to Higgins that evening. The sole comment vouchsafed by him very nearly led to a serious quarrel with Eliza. It was to the effect that she would have in Freddy an ideal errand boy.

Freddy himself was next sounded on the subject. He said he had been thinking of a shop himself; though it had presented itself to his pennilessness as a small place in which Eliza should sell tobacco at one counter whilst he sold newspapers at the opposite one. But he agreed that it would be extraordinarily jolly to go early every morning with Eliza to Covent Garden and buy flowers on the scene of their first meeting: a sentiment which earned him many kisses from his wife. He added that he had always been afraid to propose anything

ddy en casa con ella no parecía tener más importancia que si hubiera querido un mueble extra para el dormitorio. Las súplicas en cuanto al carácter de Freddy, y la obligación moral que tenía de ganarse la vida por sí mismo, se le escaparon a Higgins. Negó que Freddy tuviera carácter, y declaró que si intentaba hacer algún trabajo útil alguna persona competente se encargaría de deshacerlo: un procedimiento que implicaba una pérdida neta para la comunidad, y una gran infelicidad para el propio Freddy, que obviamente estaba destinado por la Naturaleza para un trabajo tan ligero como divertir a Eliza, lo cual, declaró Higgins, era una ocupación mucho más útil y honorable que trabajar en la ciudad. Cuando Eliza volvió a referirse a su proyecto de enseñar fonética, Higgins no disminuyó ni un ápice su violenta oposición al mismo. Dijo que ni siquiera en diez años ella estaría capacitada para inmiscuirse en su tema favorito; y como era evidente que el Coronel estaba de acuerdo con él, ella sintió que no podía ir contra ellos en este grave asunto, y que no tenía derecho, sin el consentimiento de Higgins, a explotar los conocimientos que él le había dado; pues sus conocimientos le parecían a ella una propiedad tan privada como su reloj; Eliza no era comunista. Además, era supersticiosamente devota de ambos, más entera y francamente después de su matrimonio que antes de él.

Fue el Coronel quien finalmente resolvió el problema, que le había costado muchas cavilaciones perplejas. Un día le preguntó a Eliza, con cierta timidez, si había renunciado del todo a su idea de tener una floristería. Ella contestó que había pensado en ello, pero que se lo había quitado de la cabeza, porque el Coronel había dicho, aquel día en casa de Mrs. Higgins, que nunca lo haría. El Coronel confesó que cuando dijo eso, no se había recuperado del todo de la deslumbrante impresión del día anterior. Esa noche le contaron el asunto a Higgins. El único comentario que le hizo estuvo a punto de provocar una grave disputa con Eliza. Fue en el sentido de que ella tendría en Freddy un recadero ideal.

El propio Freddy fue el siguiente en ser consultado. Dijo que él mismo había estado pensando en una tienda; aunque se le había presentado como un pequeño local en el que Eliza debería vender tabaco en un mostrador mientras él vendía periódicos en el de enfrente. Pero estaba de acuerdo en que sería extraordinariamente alegre ir todas las mañanas temprano con Eliza a Covent Garden y comprar flores en el lugar de su primer encuentro; un sentimiento que le valió muchos besos de su esposa. Añadió que siempre había tenido miedo de proponer algo por el

of the sort, because Clara would make an awful row about a step that must damage her matrimonial chances, and his mother could not be expected to like it after clinging for so many years to that step of the social ladder on which retail trade is impossible.

This difficulty was removed by an event highly unexpected by Freddy's mother. Clara, in the course of her incursions into those artistic circles which were the highest within her reach, discovered that her conversational qualifications were expected to include a grounding in the novels of Mr. H.G. Wells. She borrowed them in various directions so energetically that she swallowed them all within two months. The result was a conversion of a kind quite common today. A modern Acts of the Apostles would fill fifty whole Bibles if anyone were capable of writing it.

Poor Clara, who appeared to Higgins and his mother as a disagreeable and ridiculous person, and to her own mother as in some inexplicable way a social failure, had never seen herself in either light; for, though to some extent ridiculed and mimicked in West Kensington like everybody else there, she was accepted as a rational and normal—or shall we say inevitable?—sort of human being. At worst they called her The Pusher; but to them no more than to herself had it ever occurred that she was pushing the air, and pushing it in a wrong direction. Still, she was not happy. She was growing desperate. Her one asset, the fact that her mother was what the Epsom greengrocer called a carriage lady had no exchange value, apparently. It had prevented her from getting educated, because the only education she could have afforded was education with the Earlscourt green grocer's daughter. It had led her to seek the society of her mother's class; and that class simply would not have her, because she was much poorer than the greengrocer, and, far from being able to afford a maid, could not afford even a housemaid, and had to scrape along at home with an illiberally treated general servant. Under such circumstances nothing could give her an air of being a genuine product of Largelady Park. And yet its tradition made her regard a marriage with anyone within her reach as an unbearable humiliation. Commercial people and professional people in a small way were odious to her. She ran after painters and novelists; but she did not charm them; and her bold attempts to pick up and practise artistic and literary talk irritated

estilo, porque Clara armaría un escándalo por haber dado un paso que debía perjudicar sus posibilidades matrimoniales, y no cabía esperar que a su madre le gustara, después de aferrarse durante tantos años a ese peldaño de la escala social en el que el comercio al por menor es imposible.

Esta dificultad fue eliminada por un acontecimiento altamente inesperado por la madre de Freddy. Clara, en el curso de sus incursiones en los círculos artísticos más elevados a su alcance, descubrió que se esperaba que sus cualificaciones conversacionales incluyeran una base en las novelas de Mr. H. G. Wells. Las tomó prestadas en varios modos con tanta energía que se las tragó todas en dos meses. El resultado fue una conversión de un tipo bastante común hoy en día. Unos Hechos de los Apóstoles modernos llenarían cincuenta Biblias enteras si alguien fuera capaz de escribirlos.

La pobre Clara, que a Higgins y a su madre les parecía una persona desagradable y ridícula, y a su propia madre, de algún modo inexplicable, un fracaso social, nunca se había visto a sí misma bajo ninguno de esos dos aspectos; porque, aunque hasta cierto punto ridiculizada e imitada en West Kensington como todo el mundo allí, era aceptada como un tipo de ser humano racional y normal o, diríamos, inevitable. En el peor de los casos la llamaban La Empujadora; pero a ellos no más que a ella misma se les había ocurrido alguna vez que estaba empujando el aire, y empujándolo en una dirección equivocada. Aun así, no estaba contenta. Estaba cada vez más desesperada. Su único atributo, el hecho de que su madre fuera lo que el verdulero de Epsom llamaba una dama de carruaje no tenía valor de cambio, aparentemente. Le había impedido educarse, porque la única educación que podía permitirse era la de la hija del verdulero de Earlscourt. La había llevado a buscar la sociedad de la clase de su madre; y esa clase sencillamente no la quería, porque ella era mucho más pobre que el verdulero y, lejos de poder permitirse una criada para sí misma, no podía permitirse ni siquiera una ama de llaves, y tenía que arreglárselas a duras penas en casa con una criada general mal tratada. En tales circunstancias, nada podía darle un aire de ser un producto genuino de Largelady Park. Y sin embargo, su tradición le hacía considerar un matrimonio con cualquiera que estuviera a su alcance como una humillación insoportable. Los comerciantes y los pequeños profesionales le resultaban odiosos. Corría detrás de pintores y novelistas; pero no los encandilaba; y sus atrevidos intentos

them. She was, in short, an utter failure, an ignorant, incompetent, pretentious, unwelcome, penniless, useless little snob; and though she did not admit these disqualifications (for nobody ever faces unpleasant truths of this kind until the possibility of a way out dawns on them) she felt their effects too keenly to be satisfied with her position.

Clara had a startling eyeopener when, on being suddenly wakened to enthusiasm by a girl of her own age who dazzled her and produced in her a gushing desire to take her for a model, and gain her friendship, she discovered that this exquisite apparition had graduated from the gutter in a few months' time. It shook her so violently, that when Mr. H. G. Wells lifted her on the point of his puissant pen, and placed her at the angle of view from which the life she was leading and the society to which she clung appeared in its true relation to real human needs and worthy social structure, he effected a conversion and a conviction of sin comparable to the most sensational feats of General Booth or Gypsy Smith. Clara's snobbery went bang. Life suddenly began to move with her. Without knowing how or why, she began to make friends and enemies. Some of the acquaintances to whom she had been a tedious or indifferent or ridiculous affliction, dropped her: others became cordial. To her amazement she found that some "quite nice" people were saturated with Wells, and that this accessibility to ideas was the secret of their niceness. People she had thought deeply religious, and had tried to conciliate on that tack with disastrous results, suddenly took an interest in her, and revealed a hostility to conventional religion which she had never conceived possible except among the most desperate characters. They made her read Galsworthy; and Galsworthy exposed the vanity of Largelady Park and finished her. It exasperated her to think that the dungeon in which she had languished for so many unhappy years had been unlocked all the time, and that the impulses she had so carefully struggled with and stifled for the sake of keeping well with society, were precisely those by which alone she could have come into any sort of sincere human contact. In the radiance of these discoveries, and the tumult of their reaction, she made a fool of herself as freely and conspicuously as when she so rashly adopted Eliza's expletive in Mrs. Higgins's drawing-room; for the new-born Wellsian had to find her bearings almost as ridiculously as a baby; but nobody hates

de retomar y practicar la conversación artística y literaria los irritaban. Era, en resumen, un fracaso absoluto, una pequeña esnob ignorante, incompetente, pretenciosa, inoportuna, sin dinero e inútil; y aunque no admitía estas descalificaciones (porque nadie se enfrenta nunca a verdades desagradables de este tipo hasta que no amanece en ellos la posibilidad de una salida) sentía sus efectos demasiado intensamente como para sentirse satisfecha con su posición.

Clara tuvo un sobresalto cuando, al ser despertada súbitamente al entusiasmo por una muchacha de su edad que la deslumbró y produjo en ella un efusivo deseo de tomarla por modelo y ganarse su amistad, descubrió que aquella exquisita aparición se había graduado de la alcantarilla en pocos meses. La sacudió tan violentamente, que cuando Mr. H. G. Wells la levantó en la punta de su poderosa pluma y la situó en el ángulo de visión desde el que la vida que llevaba y la sociedad a la que se aferraba aparecían en su verdadera relación con las necesidades humanas reales y la estructura social digna, efectuó una conversión y una convicción de pecado comparables a las hazañas más sensacionales del General Booth o de Gypsy Smith. El esnobismo de Clara saltó por los aires. De repente, la vida empezó a moverse con ella. Sin saber cómo ni por qué, empezó a hacer amigos y enemigos. Algunos de los conocidos para los que había sido una aflicción tediosa o indiferente o ridícula, la abandonaron; otros se volvieron cordiales. Para su asombro, descubrió que algunas personas «bastante agradables» estaban saturadas de Wells, y que esta accesibilidad a las ideas era el secreto de su amabilidad. Personas a las que había considerado profundamente religiosas, y a las que había intentado conciliar por esa vía con resultados desastrosos, de repente se interesaron por ella y revelaron una hostilidad hacia la religión convencional que nunca había concebido posible salvo entre los personajes más desesperados. Le hicieron leer a Galsworthy; y Galsworthy puso al descubierto la vanidad de Largelady Park y acabó con ella. La exasperó pensar que la mazmorra en la que había languidecido durante tantos infelices años había estado sin cerrar todo el tiempo, y que los impulsos con los que tan cuidadosamente había luchado y sofocado en aras de mantenerse en sociedad, eran precisamente aquellos por los que sólo ella podría haber entrado en algún tipo de contacto humano sincero. En el resplandor de estos descubrimientos y el tumulto de su reacción, hizo el ridículo tan libre y conspicuamente como cuando adoptó tan precipitadamente el improperio de Eliza en el salón de Mrs. Higgins; porque la recién nacida Wellsiana tenía que orientarse casi tan

a baby for its ineptitudes, or thinks the worse of it for trying to eat the matches; and Clara lost no friends by her follies. They laughed at her to her face this time; and she had to defend herself and fight it out as best she could.

When Freddy paid a visit to Earlscourt (which he never did when he could possibly help it) to make the desolating announcement that he and his Eliza were thinking of blackening the Largelady scutcheon by opening a shop, he found the little household already convulsed by a prior announcement from Clara that she also was going to work in an old furniture shop in Dover Street, which had been started by a fellow Wellsian. This appointment Clara owed, after all, to her old social accomplishment of Push. She had made up her mind that, cost what it might, she would see Mr. Wells in the flesh; and she had achieved her end at a garden party. She had better luck than so rash an enterprise deserved. Mr. Wells came up to her expectations. Age had not withered him, nor could custom stale his infinite variety in half an hour. His pleasant neatness and compactness, his small hands and feet, his teeming ready brain, his unaffected accessibility, and a certain fine apprehensiveness which stamped him as susceptible from his topmost hair to his tipmost toe, proved irresistible. Clara talked of nothing else for weeks and weeks afterwards. And as she happened to talk to the lady of the furniture shop, and that lady also desired above all things to know Mr. Wells and sell pretty things to him, she offered Clara a job on the chance of achieving that end through her.

And so it came about that Eliza's luck held, and the expected opposition to the flower shop melted away. The shop is in the arcade of a railway station not very far from the Victoria and Albert Museum; and if you live in that neighborhood you may go there any day and buy a buttonhole from Eliza.

Now here is a last opportunity for romance. Would you not like to be assured that the shop was an immense success, thanks to Eliza's charms and her early business experience in Covent Garden? Alas! the truth is the truth: the shop did not pay for a long time, simply because Eliza and her Freddy did not know how to keep it. True, Eliza had not to begin at the very beginning: she knew the names and prices of the cheaper flowers; and her elation was unbounded when she

ridículamente como un bebé; pero nadie odia a un bebé por sus ineptitudes, ni piensa peor de él por intentar comerse las cerillas; y Clara no perdió amigos por sus locuras. Esta vez se rieron de ella en su cara; y tuvo que defenderse y luchar lo mejor que pudo.

Cuando Freddy hizo una visita a Earlscourt (cosa que nunca hacía cuando podía evitarlo) para hacer el desolador anuncio de que él y su Eliza estaban pensando en ennegrecer el escudo de Largelady abriendo una tienda, encontró el pequeño hogar ya convulsionado por un anuncio previo de Clara de que ella también iba a trabajar en una vieja tienda de muebles de Dover Street, que había puesto en marcha una compañera Wellsiana. Este nombramiento Clara lo debía, después de todo, a su antiguo logro social de Empujar. Se había hecho a la idea de que, costara lo que costara, vería a Mr. Wells en persona; y había logrado su propósito en una fiesta de jardín. Tuvo más suerte de la que merecía una empresa tan precipitada. Mr. Wells estuvo a la altura de sus expectativas. La edad no le había marchitado, ni la costumbre podía ranciar su infinita variedad en media hora. Su agradable pulcritud y entereza, sus manos y pies pequeños, su cerebro rebosante de presteza, su accesibilidad sin afectación y cierta fina aprensión que lo sellaba como susceptible desde el último pelo hasta la punta del pie, resultaron irresistibles. Clara no habló de otra cosa durante semanas y semanas. Y como por casualidad habló con la señora de la tienda de muebles, y esa señora también deseaba por encima de todas las cosas conocer a Mr. Wells y venderle cosas bonitas, le ofreció a Clara un trabajo con la posibilidad de conseguir ese fin a través de ella.

Y así fue como la suerte de Eliza se mantuvo y la esperada oposición a la floristería se desvaneció. La tienda está en los arcos de una estación de ferrocarril no muy lejos del Museo Victoria & Albert; y si usted vive en ese barrio puede ir cualquier día y comprarle una flor para el ojal a Eliza.

He aquí una última oportunidad para el romance. ¿No le gustaría al lector que le aseguraran que la tienda fue un inmenso éxito, gracias a los encantos de Eliza y a su temprana experiencia comercial en Covent Garden? ¡Ay! La verdad es la verdad: la tienda no dio beneficios durante mucho tiempo, sencillamente porque Eliza y su Freddy no supieron mantenerla. Es cierto que Eliza no tuvo que empezar por el principio: conocía los nombres y los precios de las flores más baratas; y su euforia

found that Freddy, like all youths educated at cheap, pretentious, and thoroughly inefficient schools, knew a little Latin. It was very little, but enough to make him appear to her a Porson or Bentley, and to put him at his ease with botanical nomenclature. Unfortunately he knew nothing else; and Eliza, though she could count money up to eighteen shillings or so, and had acquired a certain familiarity with the language of Milton from her struggles to qualify herself for winning Higgins's bet, could not write out a bill without utterly disgracing the establishment. Freddy's power of stating in Latin that Balbus built a wall and that Gaul was divided into three parts did not carry with it the slightest knowledge of accounts or business: Colonel Pickering had to explain to him what a cheque book and a bank account meant. And the pair were by no means easily teachable. Freddy backed up Eliza in her obstinate refusal to believe that they could save money by engaging a bookkeeper with some knowledge of the business. How, they argued, could you possibly save money by going to extra expense when you already could not make both ends meet? But the Colonel, after making the ends meet over and over again, at last gently insisted; and Eliza, humbled to the dust by having to beg from him so often, and stung by the uproarious derision of Higgins, to whom the notion of Freddy succeeding at anything was a joke that never palled, grasped the fact that business, like phonetics, has to be learned.

On the piteous spectacle of the pair spending their evenings in shorthand schools and polytechnic classes, learning bookkeeping and typewriting with incipient junior clerks, male and female, from the elementary schools, let me not dwell. There were even classes at the London School of Economics, and a humble personal appeal to the director of that institution to recommend a course bearing on the flower business. He, being a humorist, explained to them the method of the celebrated Dickensian essay on Chinese Metaphysics by the gentleman who read an article on China and an article on Metaphysics and combined the information. He suggested that they should combine the London School with Kew Gardens. Eliza, to whom the procedure of the Dickensian gentleman seemed perfectly correct (as in fact it was) and not in the least funny (which was only her ignorance) took his advice with entire gravity. But the effort that cost her the deepest humiliation was a request to Higgins, whose pet ar-

no tuvo límites cuando descubrió que Freddy, como todos los jóvenes educados en escuelas baratas, pretenciosas y completamente ineficaces, sabía un poco de latín. Era muy poco, pero suficiente para que a ella le pareciera un Porson o un Bentley, y para que se sintiera a gusto con la nomenclatura botánica. Desgraciadamente no sabía nada más; y Eliza, aunque sabía contar dinero hasta dieciocho chelines más o menos, y había adquirido cierta familiaridad con la lengua de Milton gracias a sus luchas por capacitarse para ganar la apuesta de Higgins, no podía escribir una factura sin deshonrar por completo el establecimiento. El poder de Freddy para afirmar en latín que Balbus construyó una muralla y que la Galia estaba dividida en tres partes no llevaba consigo el más mínimo conocimiento de cuentas o de negocios; el Coronel Pickering tuvo que explicarle lo que significaba un talonario de cheques y una cuenta bancaria. Y la pareja no era en absoluto fácilmente enseñable. Freddy apoyó a Eliza en su obstinada negativa a creer que podrían ahorrar dinero contratando a un contador con algún conocimiento del negocio. ¿Cómo, argumentaban, se podía ahorrar dinero haciendo un gasto extra cuando ya no podían llegar a fin de mes? Pero el Coronel, después de hacer que los gastos llegaran a fin de mes una y otra vez, por fin insistió suavemente; y Eliza, humillada hasta el polvo por tener que mendigarle tan a menudo, y aguijoneada por la burla escandalosa de Higgins, para quien la idea de que Freddy tuviera éxito en algo era una broma que nunca perdía su gracia, comprendió el hecho de que los negocios, como la fonética, hay que aprenderlos.

Sobre el lamentable espectáculo de la pareja pasando las tardes en escuelas de taquigrafía y clases en los diferentes oficios, aprendiendo teneduría de libros y mecanografía con incipientes oficinistas subalternos, hombres y mujeres, de las escuelas elementales, no me detengo. Hubo incluso clases en la London School of Economics, y un humilde llamamiento personal al director de esa institución para que recomendara un curso relacionado con el negocio de las flores. Él, que era humorista, les explicó el método del célebre ensayo dickensiano sobre Metafísica China del caballero que leyó un artículo sobre China y otro sobre Metafísica y combinó la información. Les sugirió que combinaran la London School of Economics con los Jardines de Kew. Eliza, a quien el proceder del caballero dickensiano le pareció perfectamente correcto (como de hecho lo era) y en absoluto gracioso (lo que no era más que su ignorancia), siguió su consejo con toda gravedad. Pero el esfuerzo que le costó la más profunda humillación fue pedirle a Higgins, cuya afición

tistic fancy, next to Milton's verse, was calligraphy, and who himself wrote a most beautiful Italian hand, that he would teach her to write. He declared that she was congenitally incapable of forming a single letter worthy of the least of Milton's words; but she persisted; and again he suddenly threw himself into the task of teaching her with a combination of stormy intensity, concentrated patience, and occasional bursts of interesting disquisition on the beauty and nobility, the august mission and destiny, of human handwriting. Eliza ended by acquiring an extremely uncommercial script which was a positive extension of her personal beauty, and spending three times as much on stationery as anyone else because certain qualities and shapes of paper became indispensable to her. She could not even address an envelope in the usual way because it made the margins all wrong.

Their commercial school days were a period of disgrace and despair for the young couple. They seemed to be learning nothing about flower shops. At last they gave it up as hopeless, and shook the dust of the shorthand schools, and the polytechnics, and the London School of Economics from their feet for ever. Besides, the business was in some mysterious way beginning to take care of itself. They had somehow forgotten their objections to employing other people. They came to the conclusion that their own way was the best, and that they had really a remarkable talent for business. The Colonel, who had been compelled for some years to keep a sufficient sum on current account at his bankers to make up their deficits, found that the provision was unnecessary: the young people were prospering. It is true that there was not quite fair play between them and their competitors in trade. Their week-ends in the country cost them nothing, and saved them the price of their Sunday dinners; for the motor car was the Colonel's; and he and Higgins paid the hotel bills. Mr. F. Hill, florist and greengrocer (they soon discovered that there was money in asparagus; and asparagus led to other vegetables), had an air which stamped the business as classy; and in private life he was still Frederick Eynsford Hill, Esquire. Not that there was any swank about him: nobody but Eliza knew that he had been christened Frederick Challoner. Eliza herself swanked like anything.

That is all. That is how it has turned out. It is astonishing how much Eliza still manages to meddle in the housekeeping at Wimpole Street in spite of the shop and her own family. And it is notable that though

artística predilecta, junto a los versos de Milton, era la caligrafía, y dado que él mismo escribía con una bellísima letra italiana, que le enseñara a escribir. Él declaró que ella era congénitamente incapaz de formar una sola letra digna de la menor de las palabras de Milton; pero ella persistió; y de nuevo él se lanzó a la tarea de enseñarle —con una combinación de intensidad tormentosa, paciencia concentrada y ocasionales estallidos de interesante disquisición sobre la belleza y la nobleza, la augusta misión y el destino— la escritura humana. Eliza acabó adquiriendo una letra muy poco comercial que era una extensión positiva de su belleza personal y gastando tres veces más en papelería que cualquier otra persona porque ciertas cualidades y formas del papel se volvieron indispensables para ella. Ni siquiera podía poner la dirección de un sobre de la forma habitual porque hacía mal los márgenes.

Sus días de escuela comercial fueron un periodo de desgracia y desesperación para la joven pareja. Parecía que no aprendían nada sobre floristerías. Al final lo abandonaron y se sacudieron para siempre el polvo de las escuelas de taquigrafía, los diferentes oficios y la London School of Economics de los pies. Además, el negocio, de alguna manera misteriosa, empezaba a arreglarse solo. De alguna manera habían olvidado sus objeciones a emplear a otras personas. Llegaron a la conclusión de que su propio camino era el mejor, y que realmente tenían un talento notable para los negocios. El Coronel, que durante algunos años se había visto obligado a mantener una suma suficiente en la cuenta corriente en el banco para compensar sus déficits, descubrió que la provisión era innecesaria: los jóvenes estaban prosperando. Es cierto que no había juego limpio entre ellos y sus competidores en el comercio. Sus fines de semana en el campo no les costaban nada y se ahorraban el precio de sus cenas dominicales; porque el automóvil era del Coronel, y él y Higgins pagaban las facturas del hotel. Mr. F. Hill, florista y verdulero (pronto descubrieron que se podía hacer dinero con los espárragos; y los espárragos llevaron a otras verduras), tenía un aire que imprimía clase al negocio; y en la vida privada seguía siendo Frederick Eynsford Hill, Esquire. No es que hubiera nada de ostentoso en él; nadie excepto Eliza sabía que había sido bautizado como Frederick Challoner. La propia Eliza presumía como si nada.

Eso es todo. Así es como ha terminado la historia. Es asombroso hasta qué punto Eliza sigue entrometiéndose en las tareas domésticas de Wimpole Street a pesar de la tienda y de su propia familia. Y es notable

she never nags her husband, and frankly loves the Colonel as if she were his favorite daughter, she has never got out of the habit of nagging Higgins that was established on the fatal night when she won his bet for him. She snaps his head off on the faintest provocation, or on none. He no longer dares to tease her by assuming an abysmal inferiority of Freddy's mind to his own. He storms and bullies and derides; but she stands up to him so ruthlessly that the Colonel has to ask her from time to time to be kinder to Higgins; and it is the only request of his that brings a mulish expression into her face. Nothing but some emergency or calamity great enough to break down all likes and dislikes, and throw them both back on their common humanity—and may they be spared any such trial!—will ever alter this. She knows that Higgins does not need her, just as her father did not need her. The very scrupulousness with which he told her that day that he had become used to having her there, and dependent on her for all sorts of little services, and that he should miss her if she went away (it would never have occurred to Freddy or the Colonel to say anything of the sort) deepens her inner certainty that she is "no more to him than them slippers", yet she has a sense, too, that his indifference is deeper than the infatuation of commoner souls. She is immensely interested in him. She has even secret mischievous moments in which she wishes she could get him alone, on a desert island, away from all ties and with nobody else in the world to consider, and just drag him off his pedestal and see him making love like any common man. We all have private imaginations of that sort. But when it comes to business, to the life that she really leads as distinguished from the life of dreams and fancies, she likes Freddy and she likes the Colonel; and she does not like Higgins and Mr. Doolittle. Galatea never does quite like Pygmalion: his relation to her is too godlike to be altogether agreeable.

que, aunque nunca regaña a su marido y quiere francamente al Coronel como si fuera su hija favorita, nunca ha abandonado el hábito de regañar a Higgins tal como lo hizo en la noche fatal en que ganó la apuesta. Le arranca la cabeza a la menor provocación, o a ninguna. Él ya no se atreve a burlarse de ella suponiendo una inferioridad abismal de la mente de Freddy con respecto a la suya. Se burla de ella, la intimida y la ridiculiza; pero ella le planta cara tan despiadadamente que el Coronel tiene que pedirle de vez en cuando que sea más amable con Higgins; y es la única petición suya que hace que aparezca en su rostro una expresión melancólica. Nada, excepto alguna emergencia o calamidad lo suficientemente grande como para derribar todos los gustos y aversiones, y arrojarlos a ambos de nuevo sobre su común humanidad —¡y ojalá se ahorren cualquier prueba de ese tipo!— alterará jamás esto. Sabe que Higgins no la necesita, igual que su padre no la necesitaba. La misma escrupulosidad con la que él le dijo aquel día que se había acostumbrado a tenerla allí, y que dependía de ella para toda clase de pequeños servicios, y que la echaría de menos si se marchaba (a Freddy o al Coronel nunca se les habría ocurrido decir nada por el estilo) ahonda su certeza interior de que ella «no es para él más que *'tas* zapatillas», aunque también tiene la sensación de que su indiferencia es más profunda que el encaprichamiento de las almas plebeyas. Está inmensamente interesada en él. Tiene incluso momentos de secreta picardía en los que desearía poder encontrarlo a solas, en una isla desierta, lejos de toda atadura y sin nadie más en el mundo a quien considerar, y simplemente bajarle de su pedestal y verle hacer el amor como cualquier hombre corriente. Todos tenemos imaginaciones privadas de ese tipo. Pero cuando se trata de negocios, de la vida que lleva realmente a diferencia de la vida de sueños y fantasías, le gusta Freddy y le gusta el Coronel; y no le gustan Higgins ni Mr. Doolittle. A Galatea nunca le acaba de gustar Pigmalión: su relación con ella es demasiado divina para ser del todo agradable.

Rosetta Edu

CLÁSICOS EN ESPAÑOL

Esperamos que haya disfrutado esta lectura. ¿Quiere leer otra obra de nuestra colección de *Clásicos en español*?

En nuestro Club del Libro encontrarás artículos relacionados con los libros que publicamos y la literatura en general. ¡Suscríbete en nuestra página web y te ofrecemos un ebook gratis por mes!

Recibe tu copia totalmente gratuita de nuestro *Club del libro* en rosettaedu.com/pages/club-del-libro

Rosetta Edu

CLÁSICOS EN ESPAÑOL

Una habitación propia se estableció desde su publicación como uno de los libros fundamentales del feminismo. Basado en dos conferencias pronunciadas por Virginia Woolf en colleges para mujeres y ampliado luego por la autora, el texto es un testamento visionario, donde tópicos característicos del feminismo por casi un siglo son expuestos con claridad tal vez por primera vez.

Oscar Wilde escribe una sola novela, *El retrato de Dorian Gray*; ésta fue el objeto de una crítica moralizante mordaz por parte de sus contemporáneos que no pudieron ver que dentro de una trama perfectamente compuesta se escondía toda la tragedia del romanticismo. Cien años después no ha perdido su impacto original y sigue siendo un texto fundamental para los debates sobre la estética y la moral.

Otra vuelta de tuerca es una de las novelas de terror más difundidas en la literatura universal y cuenta una historia absorbente, siguiendo a una institutriz a cargo de dos niños en una gran mansión en la campiña inglesa que parece estar embrujada. Los detalles de la descripción y la narración en primera persona van conformando un mundo que puede inspirar genuino terror.

rosettaedu.com

Rosetta Edu

EDICIONES BILINGÜES

En una atmósfera constante de misterio y amenaza, *El corazón de las tinieblas* narra el peligroso viaje de Marlow por un río (sin duda el Congo aunque no es nombrado en el relato) africano. Lo que el marino puede observar en su viaje le horroriza, le deja perplejo, y pone en tela de juicio las bases mismas de la civilización y la naturaleza humana.

Durante décadas, y acercándose a su centenario, *El gran Gatsby* ha sido considerada una obra maestra de la literatura y candidata al título de «Gran novela americana» por su dominio al mostrar la pura identidad americana junto a un estilo distinto y maduro. La edición bilingüe permite apreciar los detalles del texto original y constituye un paso obligado para aprender el inglés en profundidad.

En *La señora Dalloway* Virginia Woolf relata un día en la vida de Clarissa Dalloway, una señora de la clase alta casada con un miembro del parlamento inglés, y de un ex-combatiente que lucha contra su enfermedad mental. La innovación de la novela es la corriente de consciencia: Woolf sigue el pensamiento de cada personaje, siendo excelente a la hora de narrar emociones, asociaciones y sentimientos.

rosettaedu.com

www.ingramcontent.com/pod-product-compliance
Lightning Source LLC
Chambersburg PA
CBHW030108100526
44591CB00009B/330